Denk dir die Welt

Philosophie für Kinder

Brigitte Labbé Michel Puech

Denk dir die Welt

Philosophie für Kinder

Illustrationen von Jacques Azam

Aus dem Französischen übersetzt von Anne Braun

Loewe

Inhaltsverzeichnis

Viel Spaß ...

Wozu ist die Freiheit gut? Was wäre, wenn

es keinen Tod gäbe? Kann man mit Bestimmtheit sagen, dass es einen Gott gibt? Warum haben Kinder weniger Freiheit als Erwachsene? Wer unglücklich ist, merkt es sofort, doch wie steht es mit dem Glück? Woher weiß man, ob etwas lebendig ist? Kann man sich sein Leben aussuchen? Was ist, wenn man Lust hat, etwas Böses zu tun? Sind manche Arten von Leben wichtiger als andere?

?

Ein Kieselstein stirbt nicht, weil er sich nicht verändert. Er stirbt nicht, weil er nicht lebt. Alles, was sich verändert, was wächst, muss irgendwann auch sterben. Alles Lebendige muss sterben. Es hört sich komisch an, aber wir sterben, weil wir leben!

Das Leben und der Tod

Das Leben und der Tod

Woher weiß man, ob etwas lebt?

Lebt ein Stern? Lebt ein Felsblock? Lebt ein Grashalm? Wir wissen, dass etwas lebendig ist, wenn es sich ernähren muss: Eine Blume tankt Sonnenlicht und trinkt Regenwasser. Sie braucht Wasser, Luft und Licht, um wachsen und gedeihen zu können.

Wir wissen auch, dass etwas lebendig ist, wenn es sich vermehrt, das heißt, wenn es weitere Geschöpfe seiner Art erzeugen kann. Ein Kieselstein produziert keine weiteren Kieselsteine.

Die Gänseblümchen auf den Wiesen vermehren sich dank ihres Blütenstaubs, der vom Wind weggeweht oder von Bienen weggetragen wird.

Auf unserem Planeten gibt es Milliarden von Lebensformen, so viele, dass man sie gar nicht zählen kann. Es ist unmöglich, alle Grashalme zu zählen, sämtliche Muscheln, Spinnen, Trauerweiden, Algen, Krähen, Lachse, Menschen oder Regenwürmer. Die Welt des Lebendigen ist die Welt von uns Menschen, aber natürlich auch die Welt zum Beispiel der Algen, Bäume, Blumen, Ratten, Schlangen, Löwen, Hunde und Fliegen. Planeten, Felsen, Sandkörner, Sterne oder Gold gehören hingegen nicht zur Welt des Lebendigen. Sie gehören zur Welt der toten Materie.

Und wie fing es an?

Die ersten Lebensformen auf der Erde waren winzig – so winzig, dass man sie nur mit einer superstarken Lupe hätte sehen können. Diese winzigen Teilchen nennt man Zellen. Als einige dieser Zellen sich zusammenschlossen, entstanden die ersten Algen und Pflanzen. Später entwickelten sich auch ganz kleine Tierchen, die im Laufe der Zeit immer größer wurden – so entstanden die Fische, irgendwann dann Dinosaurier, schließlich Affen. Einige dieser Affen kamen irgendwann auf die Idee, nicht mehr auf allen vieren zu gehen: Sie richteten sich auf. Das war wesentlich praktischer, denn auf diese Weise konnten sie weiter sehen und somit besser jagen als vorher. Da sie ihre Vorderbeine nun nicht mehr zum Gehen brauchten, konnten sie sie als Hände benutzen, und so kamen sie auf die Idee, Werkzeuge herzustellen. Dabei mussten sie viel nachdenken und wurden mit der Zeit immer intelligenter. Im Laufe der Jahrmillionen haben sich diese Affen verändert. Sie sind zu dem geworden, was wir heute Menschen nennen. Das war eine lange, sehr lange Entwicklung, die Millionen und Abermillionen von Jahren gedauert hat.

Das Leben von uns Menschen, genau wie das der Fische, Schlangen, Vögel und Blumen, nahm seinen Ursprung in denselben winzigen Zellen, die es ganz zu Beginn gab.

Das Massaker unter den Pilzen

Heute Früh sind David und seine Freundin Marie losgezogen, um im nahen Wald Pilze zu sammeln. Es ist genau die richtige Jahreszeit, und so haben sie innerhalb von nur zwei Stunden gut hundert Stück gesammelt. Wenn sie sie am Samstag auf dem Markt verkaufen, werden sie genügend Geld einnehmen, um auf dem Jahrmarkt mehrere Runden mit dem Autoskooter drehen zu können.

Keine sehr spannende Geschichte, nicht wahr? Sie ist nicht lustig, man lernt nichts daraus, es gibt nichts zu erraten, und eine Gänsehaut jagt sie einem auch nicht über den Rücken. Dabei ist es eine Geschichte, in der es ums Töten geht!

Heute Früh sind David und seine Freundin Marie losgezogen, um im nahen Wald Pilze zu ermorden. Es ist genau die richtige Jahreszeit, und so haben sie innerhalb von nur zwei Stunden gut hundert Stück getötet. Wenn sie die Leichen am Samstag auf dem Markt verkaufen, werden sie genügend Geld einnehmen, um auf dem Jahrmarkt mehrere Runden mit dem Autoskooter drehen zu können.

Pilze sind Lebewesen: Sie ernähren sich, und sie pflanzen sich fort. Wenn sie aus der Erde gerissen werden, um gegessen zu werden, sterben sie, das steht fest. Doch David und Marie sind keine Verbrecher: Sie brauchen Nahrung, um überleben zu können – so einfach ist das.

Alle Lebewesen ernähren sich von anderen Lebewesen.

Das bedeutet, dass sie diese anderen Lebewesen töten müssen. Das ist der Zyklus des Lebens.

Der Zyklus des Lebens

Kathrin findet es grausam, dass man Kühe schlachtet. Wenn ihr Bruder einen Hamburger isst, beschimpft sie ihn als Mörder. Vor allem, wenn sie den roten Saft vom Fleisch auf seinen Teller tropfen sieht. Sie hingegen nimmt sich ein Brötchen, legt ein Salatblatt, ein paar Tomaten- und Gurkenscheiben, Käse und Majonäse darauf und findet das köstlich. Ihr Bruder macht sich über sie lustig. Die Sache mit den Kühen macht ihm nicht zu schaffen.

Doch um die Brötchen zu backen, die Kathrin so liebt, wurden auch etliche Lebewesen gebraucht: Um Brot zu backen, braucht man Getreide. Die Kornähren haben gelebt, solange sie auf dem Feld standen; als Mehl im Brot sind sie tot. Jemand hat die Ähren abgeschnitten und zermalmt, um daraus Mehl zu machen.
In der Majonäse sind Eier, aus denen kleine Küken hätten werden können. Auch Tomaten und Gurken sind Lebewesen. Und um Käse herzustellen, braucht man Milch, und um die Milch zu erzeugen, hat die Kuh Gras gefressen. Und Grashalme gehören auch zu den Lebewesen.
Lebewesen fressen andere Lebewesen: Das Krokodil frisst Frösche, Frösche fressen Heuschrecken, Heuschrecken verschlingen Mücken, Mücken ernähren sich vom Blut anderer Lebewesen – unter anderem auch dem von uns Menschen.
Kathrin hat natürlich jedes Recht, Fleisch abzulehnen und Brötchen zu bevorzugen: In ihren Augen ist das Leben einer Kuh wertvoller als das Leben einer Getreideähre.

Böse Mücke, lieber Hund

Martin sieht, wie sich eine Stechmücke auf seinem Arm niederlässt. Ganz behutsam hebt er die Hand, und – patsch! Ein Schlag, und die Mücke ist tot, noch ehe sie ihn stechen konnte. Erik, der Polizist, der die Kinder nach der Schule über die Straße winkt, kennt Martin gut. Er lächelt ihm zu: „Gut gemacht, Martin! Der hast du es aber gegeben!"
Zwei Minuten später hört Erik laute Schreie. Das Hündchen einer Dame hat einem Mann auf die Schuhe gekackt, der Mann hat das Hündchen daraufhin voller Zorn mehrmals heftig getreten. Große Katastrophe: Das Hündchen ist dabei gestorben! Erik, der Polizist, eilt herbei, verhaftet den Mann und bringt ihn aufs Revier. Die Hundebesitzerin schluchzt, und alle Umstehenden sind empört.

Das Leben der Mücke zählt offensichtlich nichts. Das Leben des Hundes hingegen ist von Bedeutung. Es sieht ganz so aus, als sei nicht jedes Leben gleich wertvoll. Stechmücken kann niemand leiden.
Doch wenn Martin seine Tage damit zubringen würde, Mücken totzuschlagen oder ihnen aus Spaß die Flügel auszureißen, fänden seine Mitmenschen das mit Sicherheit merkwürdig. Schlägt er dagegen eine Mücke tot, um sich zu wehren, ist das in Ordnung.
Wenn jemand Blumen pflückt und sie dann wegwirft, sterben die Blumen völlig grundlos. Wenn sie gepflückt werden, um einen Strauß zu binden, findet das fast jeder gut. Doch es gibt auch Leute, die nie Blumen pflücken, damit diese weiterleben können. Im Gebirge wachsen einige Blumen, die man überhaupt nicht pflücken *darf*, weil sie so selten sind. Doch im Grunde genommen haben alle Lebensformen ihren Wert. Nur einfach nicht denselben Wert für alle, das ist das Problem.

Der König ist verrückt geworden

Es gibt Menschen, die vergessen manchmal, dass jedes Leben wertvoll ist. Da der Mensch intelligenter ist als andere Lebensformen, fühlt er sich sehr stark und mächtig. Er hat das Gefühl, mit allen anderen Lebewesen umgehen zu können, wie es ihm beliebt. Er denkt, dass alles Leben ihm untersteht. Dabei vergisst er, dass er nicht über den anderen Lebensformen steht, sondern mit ihnen lebt und ohne sie letztendlich nicht existieren könnte.

Ysou, der neue König des Planeten Zarbus, ist etwas verschroben. Er fühlt sich minderwertig, weil er sehr klein ist, und erträgt es nicht, dass irgendetwas oder irgendjemand größer ist als er. Alle großen Männer und Frauen hat er schon aus seinem Königreich verbannt. Natürlich ließ er auch alle Elefanten und Giraffen vertreiben. Ein Problem hat er noch nicht gelöst: Was ist mit den Bäumen? Da Ysou sie nicht vertreiben kann, kommt er auf die fatale Idee, alle Bäume absägen zu lassen. Nach sechs Wochen ist sein Befehl ausgeführt. Auf dem Planeten Zarbus gibt es keinen einzigen Baum mehr. König Ysou ist zufrieden, endlich gibt es nichts mehr, was ihn überragt. Die Jahre vergehen, und seine Untertanen werden immer besorgter: Die Erde ist ausgetrocknet, weil es fast nicht mehr regnet. Die Ernten werden immer schlechter, und schließlich bricht eine Hungersnot über das Land herein. Wenige Jahre später ist aus Zarbus ein Wüstenplanet geworden. Alle Bewohner sind verhungert und verdurstet.

Der König hat nicht bedacht, dass er unter anderem auch dank der Bäume lebt. Die Bäume sind wichtig, damit sich Wolken bilden, die den

lebensnotwendigen Regen bringen. Korn, Kartoffeln und alles andere kann nur wachsen, wenn die Erde feucht ist. Die Menschen brauchen Obst und Gemüse, um sich davon zu ernähren.
Wenn die Menschen die Wiesen vergiften, auf denen Kühe weiden, vergiften sie sich selbst, da sie deren Milch trinken und deren Fleisch essen. Wer rücksichtslos mit anderen Lebewesen umgeht, bekommt früher oder später große Probleme. Wir dürfen nicht vergessen, dass alle Lebensformen zu einer einzigen großen Familie gehören. In dieser Familie nimmt der Mensch allerdings einen Sonderplatz ein.

Das menschliche Leben

Das menschliche Leben umfasst sehr viel mehr als nur unseren Körper. Natürlich wächst ein Mensch, isst, trinkt, atmet und schläft, damit sich sein Körper erholen kann. Er hat Ausscheidungen und muss zur Toilette, wäscht sich und pflegt seinen Körper. Genau wie die Tiere. Doch das Leben eines Menschen beinhaltet noch viel mehr: Er kann reden, zuhören, lesen, lieben, einen Sonnenuntergang bewundern, Gedichte schreiben, weinen, tanzen, malen und noch vieles andere mehr.
Alle Menschen sind sich darin einig, dass es strengstens verboten ist, einen Menschen zu töten. Wer es trotzdem tut, begeht ein schweres Verbrechen. Niemand behauptet das Gegenteil. Und doch tun die Menschen nicht immer das, was sie sagen: Im Krieg zum Beispiel wird gnadenlos getötet. Dieses Problem ist allerdings gar nicht einfach zu lösen: Was soll man tun, wenn man angegriffen wird? Soll man sich umbringen lassen oder sich verteidigen und selbst zum Mörder werden? Wenn die Angreifer von einem Verrückten angeführt werden, der die ganze Welt in seine Gewalt bringen und alle töten möchte, muss man ihn dann gewähren lassen?

Es kommt vor, dass Menschen andere Menschen töten, um sich selbst zu beschützen oder um zu verhindern, dass es noch weitere Opfer gibt. Es gibt Situationen, in denen man töten muss, um Leben zu erhalten.
Doch das ändert nichts an der Überzeugung, dass das menschliche Leben – egal, um welchen Menschen es sich handelt – wichtiger ist als alles andere.

Der Mensch lebt sein Leben

Die Biene ist nicht frei: Sie ist auf der Welt, um Honig zu produzieren, und damit basta. Der Biber ist nicht frei: Er bringt sein Leben damit zu, in den Flüssen Dämme zu bauen.
Es ist, als würden die Tiere die große Bühne des Lebens betreten und eine Rolle spielen, die für jedes von ihnen von vornherein genau festgelegt ist. Es ist eine Rolle, die sich das Tier nicht aussuchen kann: Die Biene hat einen braun-gelben Körper, und wenn sich der Vorhang öffnet, beginnt sie damit, Blütenstaub zu sammeln. Das ist nun einmal so, und kein Mensch fragt sie nach ihrer Meinung. Wenn die Bienen-Darstellerin stirbt, wird eine andere Biene ihren Platz einnehmen, und niemand erinnert sich an all die verschiedenen Bienen-Darstellerinnen, da es zwischen ihnen keinen Unterschied gibt. Kommt ein kleiner Mensch zur Welt, ist er noch in kein Kostüm gezwängt und muss in keine vorgeschriebene Rolle schlüpfen. Er selbst wird sich sein Theaterstück ausdenken, seine Kostüme, seine Rollen, kurzum: sein Leben. Wenn am Ende des Stücks der Vorhang fällt, bleibt seinen Mit-

menschen sehr vieles von ihm in Erinnerung, denn niemand hat dieselbe Rolle gespielt wie er: Sein Leben ist einzigartig und ähnelt keinem anderen Leben.
Das Leben eines Menschen ähnelt nicht dem der Tiere, weil der Mensch in seinem Leben selbst Regie führt. Er ist es, der über alles entscheidet. Es steht ihm frei, den Weg einzuschlagen, den er möchte. Jedes menschliche Leben verläuft anders, jeder wählt sich seinen Weg selbst aus. Und so bildet der Mensch allmählich und sein ganzes Leben hindurch das aus, was wir Persönlichkeit nennen.

Eine Erinnerung, eine Persönlichkeit

Die Persönlichkeit ist ein wichtiger Bestandteil eines Menschen, sehr viel wichtiger als irgendein Körperteil. Wichtiger als die Hände, Füße, Haare oder Augen.

Max war sechs Jahr alt, als seine Eltern umzogen. Er war todunglücklich, sein Zimmer und seine Freunde zurücklassen zu müssen. Vor allem Lukas, seinen besten Freund. Damals hat Max viel geweint.
Heute ist Max elf Jahre alt. An sein Zimmer von damals kann er sich nicht mehr erinnern – kann sein, dass der Teppichboden blau war, aber genau weiß er es nicht mehr. Das Zimmer war sehr hoch, und an der Decke waren Holzbalken, aber vielleicht auch nicht. Dabei weiß Max noch gut, wie sehr ihm dieses Zimmer gefiel; komisch, dass er sich nicht mehr genau daran erinnern kann. Doch an seinen damaligen Freund Lukas erinnert er sich noch sehr gut: an ihre gemeinsamen Radtouren, den Bammel, den sie hatten, als sie damals die Fensterscheibe vom Wohnzimmer eingeworfen hatten, Lukas' Gelächter, als er diesem Blödmann Robert einen mit Senf gefüllten Berliner gegeben hatte, oder an die Plastikspinne, die sie heimlich in Konstanzes

Schulranzen geschmuggelt hatten. Wenn Max abends im Bett liegt, denkt er gern an all diese Dinge zurück. Die Abenteuer mit Lukas sind Erinnerungen, die er sich immer wieder gern durch den Kopf gehen lässt, wie einen spannenden Kinofilm.

Max weiß zwar nicht mehr, ob Lukas blaue, grüne oder braune Augen, lockige oder glatte Haare hatte. Aber er erinnert sich noch gut an Lukas' Lachen, an die gemeinsam ausgestandenen Ängste und an den Spaß, wenn sie sich Streiche ausdachten, um andere an der Nase herumzuführen. Max weiß noch gut, dass Lukas lustig, sportlich, sympathisch, ehrlich und ein kleiner Angsthase war; er weiß noch, dass Lukas lieber gelesen als ferngesehen hat. All diese Dinge bilden zusammen Lukas' Persönlichkeit.

Wenn ein Mensch stirbt, stirbt nur sein Körper.

Seine Persönlichkeit ist immer noch da, sie existiert weiter. Sie lebt weiter in der Erinnerung der anderen, genau so, wie Lukas in Max' Erinnerung weiterlebt.

... eine Persönlichkeit, eine Spur

Klara und ihre Eltern stehen vor einem Museum in der Schlange: Heute ist der erste Tag einer Picasso-Ausstellung. Klara hat null Lust, Museen findet sie grässlich langweilig. Mit mürrischem Gesicht steht sie in der Schlange, die sich allmählich vorwärts schiebt. Doch irgendwann befindet sich Klara in einem großen Saal und sieht dutzende von Gemälden. Wahnsinn! Die farbenfrohen Bilder wirken, als seien sie von Kindern gemalt. Klara sieht Frauen mit verdrehten Köpfen, deren Nasen unterhalb der Ohren sitzen, und Gesichter mit einem Auge oben am Kopf, das andere unten am Kinn. Klara findet Picasso überhaupt nicht langweilig. Morgen wird sie ihren Freundinnen von ihm erzählen. Ihnen würde diese Ausstellung sicher auch gefallen.

Wenn Klara eines Tages selbst Kinder hat, wird sie mit ihnen vielleicht auch eine Picasso-Ausstellung besuchen. Und die Kinder von Klaras Kindern vermutlich auch irgendwann. In tausend, zweitausend Jahren wird es eventuell noch immer lange Warteschlangen vor den Museen geben, wenn Picassos Bilder ausgestellt werden. Die Menschen werden noch lange von ihm sprechen. Dabei ist er längst tot: Picasso hat keinen Körper mehr, in dem er noch existieren könnte. Aber dennoch bleibt er dank seiner Zeichnungen und Bilder für uns lebendig. Er hat eine Spur in der Welt hinterlassen. Eine Spur, die seine Persönlichkeit enthält. Alle Menschen hinterlassen Spuren.

... eine Spur, eine Seele

Diese Spur muss nicht immer ein Bild sein, ein Buch oder sonst etwas, das man anfassen kann. Oft ist es nur die Erinnerung an die Persönlichkeit dieses Menschen. Diese Spur können wir auch Seele nennen. Die Seele kann man nicht sehen und nicht anfassen. Sie hat keinen Mund zum Sprechen, keine Ohren zum Hören, keine Füße zum Gehen. Es ist müßig, sich zu fragen: „Wo ist die Seele?" Das wäre so ähnlich, als würde man fragen, wo sich ein Gedanke oder eine Idee befindet. Man kann tagelang, jahrelang, ja, jahrhundertelang suchen, man wird niemals etwas finden.

Lisas Vater putzt Bohnen für das Abendessen. Lisa hasst Bohnen. Mit strahlenden Augen geht sie in die Küche und sagt: „Du, Papa, hast du schon das neue Lokal gesehen, das in unserer Nachbarschaft aufgemacht hat? Sie haben ein tolles Eröffnungsangebot: Wer eine Pizza bestellt, bekommt gratis eine zweite dazu." Ihr Vater wirft ihr aus den Augenwinkeln heraus einen Blick zu. „Hey, Lisa, hast du etwa einen kleinen Hintergedanken ...?" Als Lisas kleiner Bruder das hört, stellt er sich hinter Lisa und schaut auf ihren Hinterkopf. Er schaut genau hin, doch da ist nichts zu sehen. Auch nichts Kleines. Hinter Lisas Kopf ist nichts, auch kein Gedanke.

Klar, dass hinter Lisas Kopf nichts zu sehen ist. Doch ihren Hintergedanken gibt es natürlich, nämlich den, am Abend in die neue Pizzeria zu gehen, um den grünen Bohnen zu entkommen. Ihr Vater hätte größte Mühe, seinem Sohn zu erklären, wo dieser Gedanke sitzt, genauso wie er ihm nicht erklären kann, wo der Sitz der Seele ist.

Warum sterben wir?

Wir Menschen sterben. Wir können uns ganz sicher sein, dass wir eines Tages sterben werden. Aber warum? Warum leben wir nicht bis in alle Ewigkeit?
Unbelebte Materie stirbt nicht und bleibt außerdem immer gleich. Ein Kieselstein von heute sieht noch immer genauso aus wie vor hundert Jahren.
Der Kieselstein stirbt nicht, weil er sich nicht verändert. Er stirbt nicht, weil er nicht lebt. Alles, was sich verändert, was wächst, muss irgendwann auch sterben. Alles Lebendige muss sterben. Es hört sich komisch an, aber wir sterben, weil wir leben!
Man sieht es einer Person an, wenn sie alt ist: Ihre Haare sind grau oder gar allesamt ausgefallen, sie geht nicht mehr ganz gerade, ihre Haut ist faltig, sie kann nicht mehr rennen und kommt beim Treppensteigen leicht außer Atem. Ein alter Mensch sieht nicht mehr gut und hört auch schlecht. Man sieht ihm an, dass er dem Tod nicht mehr fern ist.
Man weiß aber auch, dass er ein langes Leben hinter sich hat: Früher einmal ist er ein kleines Baby gewesen, ist gewachsen und schließlich gealtert. Er hat sich verändert, jeden Tag ein kleines bisschen.
Der Tod wird die letzte Veränderung in seinem Leben sein. Der Tod gehört zum Leben und ist ein Teil davon, der letzte Teil.

Was wäre, wenn niemand sterben würde?

Was wäre mit einer Familie, wenn alle Familienmitglieder seit der Steinzeit noch leben würden?

Hatou kehrt von der Jagd nach Hause zurück und sieht seinen Vater. „Papa, hör auf, Knochen zu schneiden, wir haben jetzt Messer." Der Vater wird traurig: Er hat in seiner Jugend gelernt, Mammutknochen anzuspitzen. Warum sollte er sich ändern? Während Hatou zwei Steine aneinander reibt, um das Feuer anzuzünden, schaut ihm sein Vater missmutig zu: Er würde die Gazelle lieber roh essen, wie es früher üblich war.
In diesem Moment kommt Irsa, Hatous Tochter, daher und ruft: „Ah, du machst Feuer. Das wird Stunden dauern und schrecklich viel Rauch machen. Komm lieber zu mir, ich brate dir die Gazelle in meinem elektrischen Backofen."
Hatou ist geknickt: Er war immer so stolz darauf, mit eigenen Händen Feuer machen zu können. Doch um Irsa nicht zu verärgern, lädt er sich die Gazelle auf die Schultern und läuft hinter dem Auto seiner Tochter her. Nie im Leben würde er in dieses Ding steigen, das Lärm macht und Rauch ausstößt. Als sie ankommen, werden Irsas Kinder wütend. „So ein Quatsch! Kein Mensch isst heute noch Gazelle. Wir haben gerade ein paar Pizzas bestellt!"

Eines steht fest: Wenn niemand sterben würde, gäbe es so viele Menschen auf der Erde, dass wir einander auf die Füße treten würden.
Aber das größte Problem bestünde darin, dass alle mit ständigen Veränderungen leben müssten. In der kleinen Geschichte oben akzeptieren Hatou, seine Tochter und der Großvater die Neuerungen zähneknirschend, obwohl es ihnen wahrlich nicht leicht fällt.
Doch nicht alle Menschen sind so: Wer schon lange lebt, hat Angst vor Veränderungen. Man hat große Probleme damit, zu verstehen,

was die jungen Leute machen, was sie lieben, wie sie leben. Das Neue macht Angst. Wer schon ein langes Leben hinter sich hat, hat oft Schwierigkeiten damit, Neues anzunehmen. Das empfindet er als sehr anstrengend.

Zurück in die Vergangenheit: Erdkundestunde am 7. Juni 1540. Der Lehrer erklärt, dass die Erde eine Scheibe ist, von der man herunterfällt, wenn man sich bis zum Rand vorwagt. Wer es trotzdem tut, fällt in ein tiefes, tiefes Loch, das niemals endet. Der Lehrer hat natürlich schon gehört, dass es neuerdings jemanden gibt, der behauptet, die Erde sei rund. So ein Unsinn! Wie sollten die Menschen auf einer runden Kugel leben können, ohne herunterzufallen? Und sollen sie etwa mit dem Kopf nach unten hängen? Zum Glück ist dieser Verrückte ins Gefängnis gesteckt worden.

Früher haben die Menschen geglaubt, die Erde sei eine flache Scheibe. Das ist verständlich, schließlich hatten sie lange Zeit nicht die Möglichkeit, diese Annahme zu überprüfen. Und da sich alle längst daran gewöhnt hatten, sich die Erde als Scheibe vorzustellen, wollte keiner auf die ersten Menschen hören, die behaupteten, die Erde sei rund. Es ist nicht immer einfach, Neues zu akzeptieren und auf einmal das genaue Gegenteil von dem zu glauben, von dem man jahrelang überzeugt war. Meist sind es die jungen Menschen, die schneller umdenken können.

Manchmal ist es zu früh

Normalerweise stirbt ein Mensch nach einem langen Leben, wenn er sehr alt ist. Dann sagt man, er sei eines natürlichen Todes gestorben. Es kommt jedoch auch vor, dass der Tod viel zu früh eintritt, zum Beispiel in Folge eines Unfalls oder einer schweren Krankheit.

Als Isabell geboren wird, ist ihre Urgroßmutter schon tot. Doch von ihren Eltern hat Isabell viel von ihrer Urgroßmutter erfahren, die Bildhauerin war. In Isabells Haus stehen zwei Statuen, die ihre Urgroßmutter gemacht hat. Als Isabell eines Tages auf dem Speicher herumstöbert, entdeckt sie einen weißen Steinblock. Jemand hat schon begonnen, ihn zu bearbeiten. Bei näherem Hinsehen entdeckt Isabell zwei lange Beine, zweifellos Frauenbeine. Ihre Urgroßmutter hat nicht die Zeit gehabt, diese Statue zu vollenden. Schade! Isabell bedauert, dass sie nicht die fertige Statue sehen kann, denn sie ist davon überzeugt, dass es eine wunderschöne Statue geworden wäre.

Vielleicht wäre es eine Frau geworden, die Geige spielt, oder eine Frau, die ein Buch liest, oder eine Frau in den Armen eines Mannes. Oder vielleicht eine Frau, die gerade lacht. Wenn ein Mensch schon in jungen Jahren stirbt, verhält es sich so ähnlich wie mit dieser Statue: Er hat nicht die Zeit gehabt, sich selbst zu vollenden. Ein solch früher Tod ist sehr viel schwerer zu verstehen als der eines alten Menschen. Der natürliche Gang der Dinge wäre es, geboren zu werden, zu wachsen, zu altern und irgendwann dann zu sterben.

Nach dem Tod

Die Menschen haben schon immer nach Möglichkeiten gesucht, sich den Tod des Körpers nicht als das endgültige Ende eines Lebens vorstellen zu müssen. Sie wollten glauben, dass die Seele weiterlebt, dass der Mensch mehr ist als nur sein Körper. Sie haben schon immer versucht zu beweisen, dass etwas von uns Menschen ewig weiterlebt.

Vor langer, langer Zeit wurden in Ägypten riesige Grabmäler gebaut, groß wie Häuser, um die Körper der Toten darin zu bestatten.
Die Familie gab dem Toten Nahrungsmittel, Kleidung, Teller, Gläser und Silber mit, damit er alles hatte, was man zum Leben brauchte. Für die Ägypter war der Tod nur der Übergang zu einem anderen Leben. In ihren Augen hatte sich der Tote auf die Reise in ein anderes Leben gemacht.

Die Seele stellten sich die Menschen schon immer als etwas Schwebendes vor, so ähnlich wie Luft. Manche Völker glaubten und glauben noch heute, dass sich die Seele nach dem Tod einen neuen Körper sucht, den Körper eines Neugeborenen zum Beispiel. Oder dass die Seele darauf wartet, dass ihr ehemaliger Körper erneut zu leben beginnt, sodass sie ihn wieder bewohnen kann.
Jahrtausende später, als die Gräber wieder geöffnet wurden, war jedoch alles unberührt. Alles war noch an Ort und Stelle, der Tote hatte nichts von dem Essen angerührt. Er war auch nicht zu einer Reise aufgebrochen, sein mumifizierter Körper war noch da. Durch diese aufwändige Art der Bestattung ihrer Toten wollten die Ägypter aber zum Ausdruck bringen, dass mit dem Tod nicht alles zu Ende war.

Ebenfalls vor langer Zeit glaubten die Menschen, dass die Seele jedes Menschen während des Schlafs durch die Gegend schweift – so ähnlich wie ein Gespenst. Und dass sie beim Aufwachen – schwupps! – rasch wieder in den Körper schlüpft. Und auf dieselbe Weise würde sie beim Eintritt des Todes eben ins Reich der Toten wandern. Dieses Reich befand sich entweder unter der Erde, im Himmel oder irgendwo bei den Sternen. Manchmal hielt man die Sterne für gestorbene Seelen, die schönsten Seelen. Je schöner ein Stern funkelte, desto schöner war das Leben, das der betreffende Mensch auf Erden geführt hatte.

In allen Kulturen und schon seit jeher haben die Menschen versucht, sich eine Vorstellung davon zu machen, was nach dem Tod kommt.

Man hat Angst vor dem Tod der Menschen, die man liebt

Mit den Menschen zusammen zu sein, die man liebt, ist das Schönste auf Erden. So richtig glücklich ist man nicht, wenn die Menschen, an denen man hängt, nicht bei einem sind. Ungeduldig wartet man auf ihre Rückkehr. Deshalb ist es ganz normal, dass man sich davor fürchtet, diese Menschen könnten sterben. Denn wer stirbt, ist nicht mehr da – für immer. Wir alle, Kinder, Erwachsene und alte Menschen, haben Angst davor, ohne die Menschen zu leben, die wir lieben. Letztendlich ist es weniger der Tod, der uns Angst macht. Was uns solche Angst macht, ist vielmehr die Tatsache, von den Menschen, die wir lieben, getrennt zu sein.

Und unser eigener Tod?

Hinter den Kulissen des großen Zirkus herrscht riesige Aufregung: Die ganze Truppe hat eine neue Show einstudiert und wird sie in genau zehn Minuten zum allerersten Mal aufführen. Jim und Alice, die beiden Trapezkünstler, freuen sich, dass der große Tag endlich da ist: Sie lieben ihre neue Nummer, mit der weltweit noch niemand aufgetreten ist. Monatelang haben sie ihre neuen Sprünge eingeübt. Nun fühlen sie sich bereit. Sie sind schon geschminkt, ihre Kostüme glitzern, und all ihre Requisiten liegen parat. Natürlich haben sie auch ein bisschen Lampenfieber, aber das wird sich legen, sobald sie in der Manege sind.

Der Clown Roger hingegen schwitzt Blut und Wasser. Er ist entsetzlich nervös. Vor Aufregung kann er seinen linken Schuh nicht finden. Er spürt, dass ihn sein Gedächtnis im Stich lassen wird. Verflixt, warum hat er nicht eifriger trainiert? Die Ankündigung, dass er die Nummer schon heute Abend vorführen muss, traf ihn völlig unvorbereitet. Am liebsten würde Roger sich in ein Mauseloch verkriechen.

Harry, der Dompteur, ist sauer. Er bedauert, dass er mit seinem schwarzen Panter keine Nummer einstudiert hat. Klar, Panter sind sehr schwer zu dressieren. Aber trotzdem hätte er es probieren sollen: Sein Panter ist ein wunderschönes, wildes Tier, aber leider wird er heute Abend nun nicht mit ihm auftreten können. Harry ist traurig und wütend zugleich. Am liebsten würde er die Zeit um einen Monat zurückdrehen und den nötigen Mut aufbringen.

Im Moment ihres Todes ergeht es vielen Menschen wie Jim und Alice: Sie sind bereit. Das sind Menschen, die mit ihrem Leben zufrieden sind; Menschen, die ihr Leben als freie Menschen gelebt haben und nun das Gefühl haben, dass ihr Leben nicht umsonst gewesen ist. Menschen, die wissen, dass sie Spuren ihres Seins hinterlassen. Andere hingegen sind wie Roger: voller Panik. Roger hat nicht an das Näherrücken des großen Tags gedacht, mehr noch: Er hat ihn sogar vergessen, erfolgreich verdrängt. Man kann vergessen, dass es den Tod gibt, und sich einreden, dass man ewig leben wird. Man lässt sich durchs Leben treiben, ohne selbst die Richtung, den Sinn seines Lebens zu bestimmen. Und wenn der Tod dann näher kommt, gerät man in Panik. Erst in diesem Augenblick wird einem klar, dass man völlig vergessen hat zu leben. Weil man vergessen hat, dass man eines Tages sterben muss.

Anderen Leuten ergeht es wie Harry: Sie bereuen so manches. Harry denkt an das, was er hätte tun sollen. Er hat nicht verwirklicht, was er sich vorgenommen hatte. Wenn der Tod dann eintritt, möchten diese Menschen am liebsten noch einmal von vorne beginnen, das Rad der Zeit zurückdrehen. Doch dann ist es leider zu spät.

Der Tod sorgt dafür, dass wir uns anstrengen

Das Wichtigste ist das, was im Leben passiert, ehe der Tod eintritt. Das ist jedem von uns klar. Die wichtigsten Dinge für Jim, Alice, Roger und Harry sind ihre Arbeit, ihre Erfindungen, ihre Schöpfungen, ihre Proben, die Vorbereitungen, das Herrichten ihrer Requisiten.

Wenn man vergisst, dass eines Tages der Tod vor der Tür steht, kann man immer alles auf morgen verschieben. Jeden Tag kann man sich sagen, dass man noch alle Zeit der Welt hat, dass alles noch warten kann, dass man es schon irgendwann erledigen wird, vielleicht morgen oder übermorgen. Und letzten Endes hat man dann gar nichts erledigt.

Damit man Lust darauf bekommt, sein Leben mit Sinn zu füllen, muss man sich immer wieder vor Augen halten, dass es nicht ewig dauern wird. Warum sollte man sich sonst anstrengen und sich Mühe geben?
Die Tatsache, dass das Leben irgendwann zu Ende geht, bringt uns letztendlich dazu, uns anzustrengen und ein selbstbestimmtes Leben zu führen.
Die wirkliche Frage lautet deshalb nicht: „Warum müssen wir eines Tages sterben?“, sondern: „Wie sollen wir leben?“

Nilpferde fragen sich nicht, wie alles begonnen hat, warum es so etwas wie Leben gibt, warum die Sonne scheint, warum es nachts dunkel wird. Die Menschen hingegen haben sich schon in der fernen Vergangenheit gefragt, woher sie kamen, und so entstanden die Erzählungen von der Erschaffung der Welt.

Gott und die Götter

Gott und die Götter

Ganz schön hart, wenn man nichts begreift

Auf dem Marktplatz
wimmelt es von Menschen.
Hier werden Schweine, Kamele,
Töpferwaren, schöne Stoffe in prächtigen
Farben, Feigen, Mandeln, Honig und viele andere Waren
zum Verkauf angeboten. Lautstark versuchen die Händler,
Kunden anzulocken. Aber nach und nach macht sich eine
sonderbare Stille breit. Alle heben die Augen zum Himmel:
Es ist acht Uhr morgens, die Sonne brennt bereits vom
Himmel, und doch wird es auf einmal düster. Innerhalb
weniger Minuten liegt der Marktplatz im Dunkeln. Es war,
als hätte jemand die Sonne verdunkelt. Die Menschen
beginnen zu zittern, die Kinder weinen, die Tiere werden
unruhig und versuchen zu fliehen. Panik macht sich breit.
Hat sich eine ewige Nacht über die Erde gelegt?

Nein, diese Nacht dauert nicht ewig. Und es ist auch nicht das Ende der Welt, sondern nur eine kurze Sonnenfinsternis. Der Mond hat sich vor die Sonne geschoben, aber schon nach wenigen Minuten wird sie wieder scheinen. Klar, wir heutigen Menschen haben leicht reden. Doch unsere Vorfahren hatten noch nicht die Möglichkeit, mit Teleskopen den Himmel zu beobachten. Sie wussten nicht, dass sich der Mond ab und zu für kurze Zeit vor die Sonne schiebt. Frühere Menschen konnten dieses Ereignis nicht begreifen. Sie hatten nur ihre Augen, um die Natur zu beobachten und daraus ihre Schlüsse zu ziehen.

Erklärungen

Ich stehe im Regen und werde nass bis auf die Knochen. Ich hebe den Kopf, sehe den Regen auf mich herunterprasseln, weiß allerdings nicht, woher er kommt. Ich stehe unter einem Baum und werde plötzlich tropfnass. Ich hebe den Kopf und sehe oben auf einem Ast meinen Freund sitzen, der sich halb totlacht. Ich begreife, dass er sich nur einen Jux machen wollte und mir einen Eimer Wasser über den Kopf geschüttet hat.

Es regnet, und ich werde nass. Genau wie damals, als mein Freund mir einen Streich gespielt hat. Wenn es regnet, dann muss es dasselbe sein, wie wenn ich Wasser über den Kopf geschüttet bekomme, dann muss jemand da sein, der das Wasser ausschüttet. Doch wenn ich in den Himmel schaue, sehe ich niemanden. Also muss derjenige, der dafür verantwortlich ist, unsichtbar sein. Es muss jemand sehr Mächtiges sein, denn er kann es stundenlang und überall auf der Erde regnen lassen. Es muss ein großer Zauberer sein, ein übermenschliches Wesen mit unvorstellbaren Kräften, ein Gott – der „Regengott".
Alles, was die Menschen nicht begreifen können, zum Beispiel Wasser, das vom Himmel fällt, vergleichen sie mit etwas, das sie verstehen: Wasser, das aus einem Eimer geschüttet wird. Und das machen sie mit allem, was in der Natur um sie herum vorgeht. Auf diese Weise können sie sich sehr viele Naturerscheinungen erklären – den Regen und auch die Tatsache, dass die Sonne jeden Abend untergeht, oder warum es mal Tag und dann wieder Nacht ist und warum es Wind gibt.

Wenn ich ein dunkles Zimmer betrete und eine brennende Kerze in der Hand habe, wird es im Zimmer hell. Wenn ich mit meiner Kerze wieder hinausgehe, liegt das Zimmer erneut im Dunkeln. Wenn die Sonne aufgeht und am Himmel höher steigt, ist es auf der Erde hell. Geht sie wieder unter, wird es auf der Erde dunkel. Es muss folglich

jemanden geben, der die Sonne am Himmel entlangwandern lässt, sie jeden Abend wegnimmt und morgens wiederbringt. Das ist der Sonnengott. Wenn ich heftig auf ein paar Blätter puste, werden sie weggeweht. Mein Atem versetzt die Blätter in Bewegung. Wenn der Wind weht, fliegen die Blätter davon. Die Bäume biegen sich, manchmal gibt es auch einen Sturm, das Meer wird aufgewühlt, und die Wellen schwellen an. Folglich muss es auch jemanden geben, der einen tausendmal größeren Mund hat als wir Menschen. Das kann nur der Gott des Windes sein.

So lässt sich erklären, was in unserer Umwelt vor sich geht: Für alles müssen unsichtbare Wesen verantwortlich sein, die Götter.
Den Sonnengott gibt es logischerweise, seit es die Sonne gibt, den Gott des Windes gibt es, seit es Wind gibt. Kein Mensch fragt sich, ob das stimmen kann. Es ist weder wahr noch unwahr. So wie die Sonne weder wahr noch unwahr ist: Es gibt sie einfach, und basta!

Erklärungen, Geschichten, Mythen

Die Ziege macht Pipi, rollt sich darin herum, vermischt ihr Pipi mit der Erde, und mit diesem Matsch im Fell reibt sie sich an Baumstämmen. Der Hase hebt sein Stummelschwänzchen und zeigt der Häsin seinen weißen Bauch. Wenn zwei Hunde miteinander kämpfen, legt sich der eine Hund irgendwann unvermittelt auf den Rücken und streckt alle viere von sich.

Die Tiere verständigen sich untereinander, sie unterhalten sich in einer Art Zeichensprache. Die Ziege teilt den anderen Tieren mit: „Dort, wo ihr mein Pipi riecht, ist mein Territorium. Haltet euch gefälligst von dort fern!“
Der Hase gibt der Häsin zu verstehen: „Wie wär’s? Wollen wir nicht ein paar kleine Häschen zusammen machen?“
Der Hund macht seinem Gegner klar: „Okay, du bist der Stärkere. Ich ergebe mich!“

Tiere kommunizieren miteinander, um sich sehr einfache und wichtige Dinge mitzuteilen. Nicht, um sich über ihr Leben, ihre Zukunftspläne oder ihre Gedanken auszutauschen. Das ist so ähnlich, als würden wir Menschen uns nur Dinge sagen wie:

„Gib mir das Salz rüber!“, „Wasch dir die Hände!“, „Sitz gerade!“, „Ich habe Hunger!“ oder „Verschwinde!“. Dank ihrer Sprache können die Menschen einander ihre Gedanken mitteilen und sich die Welt erklären. Und sie können sich Geschichten über die Götter erzählen: dass die Götter den ersten Menschen aus Lehm und Wasser geformt und ihm dann durch die Nase Leben eingehaucht haben. Dass die Götter alle zusammen im Himmel oder auf einem sehr hohen Berg wohnen, manche Götter sich auf dem Grund des Meeres oder unter der Erde verstecken, dass sie einen Nektar trinken, der ihnen ewiges Leben verleiht, dass sie Spaß haben, rauschende Feste feiern, streiten, sich gegenseitig vernichten, lügen, eifersüchtig sind, wütend werden, heiraten, Kinder bekommen ...

Die Götter haben Vorzüge und Nachteile, genau wie wir Menschen. Einige von ihnen sollen zum Beispiel recht hinterhältig sein. Manche Völker haben dutzende von Göttern, andere noch viel mehr. Dann wieder erzählt man sich von nur drei oder vier Göttern, andere Male von nur einem Gott, der sich ganz allein um absolut alles kümmert.

Geschichten, die die Erschaffung der Welt und der Menschen erklären und vom Leben der Götter berichten, bezeichnet man als Mythen. Jedes Volk hat seine Mythen, die ein sehr wichtiger Bestandteil dessen sind, was wir Kultur nennen:

Bestimmte Vorstellungen über das Leben und den Tod, eine gemeinsame Sprache, gemeinsame Bräuche und andere Dinge, die für die jeweilige Menschengruppe wichtig sind. Alles das nennt man ihre Kultur. Wir Menschen sind die einzigen Lebewesen, die Kulturen entwickelt haben.

Verschiedene Kulturen

Ameisen in Deutschland fressen dasselbe wie Ameisen in Italien, während die Menschen nicht auf der ganzen Welt dasselbe essen. Nilpferde fragen sich nicht, wie alles begonnen hat, warum es so etwas wie Leben gibt, warum die Sonne scheint, warum es nachts dunkel wird. Die Menschen hingegen haben sich schon in der fernen Vergangenheit gefragt, woher sie kamen, und so entstanden die Erzählungen von der Erschaffung der Welt. Die Biber in China bauen dieselben Dämme wie ihre Artgenossen weltweit. Die Menschen jedoch bauen nicht überall dieselbe Art von Häusern. Wenn ein Löwe stirbt, lassen die anderen Löwen seinen Kadaver liegen, der dann verfault oder von den Geiern gefressen wird. Menschen hingegen kümmern sich um die Körper ihrer Toten: Sie begraben sie und legen Blumen auf die Gräber, oder sie verbrennen sie und bewahren die Asche häufig in einem hübschen Gefäß auf. Es gibt auf der Erde hunderte verschiedener Kulturformen. Chinesen haben eine andere Kultur als Algerier, Inder haben nicht dieselbe Kultur wie Eskimos, die deutsche Kultur ähnelt nicht der Kultur der Kenianer und so weiter.

Ohne Götter keine Kultur

Eine wesentliche Übereinstimmung gibt es jedoch: In allen Kulturen der Welt, so verschieden sie auch sind, ist von Gottwesen die Rede. Entweder von einem Gott oder von zwei, drei oder mehreren Göttern. Erstaunlich, nicht wahr? Die Frage „Gibt es einen Gott?“, beziehungsweise „Gibt es Götter?“ stellt sich in den meisten Kulturkreisen nicht. Über eine solche Frage würden die meisten Menschen den Kopf schütteln. In ihren Augen wäre sie so dumm, als würde man fragen, ob es die Sonne gibt. Das sieht doch jeder!
Natürlich gibt es aber auch viele Menschen, die an der Existenz von Göttern oder gottähnlichen Wesen zweifeln. Sie fragen sich, ob Gott oder die anderen Götter vielleicht nicht einfach nur eine Erfindung von uns Menschen sind. Menschen erfinden auch Romanhelden und Comicfiguren, warum also nicht auch Götter? Doch auch wenn wir uns fragen, ob es so etwas wie Gott oder die Götter überhaupt gibt, bedeutet dies, dass wir über das Thema Gott nachdenken. Es ist interessant, dass die Menschen schon immer davon ausgingen, dass es Götter gibt. Sie haben über sie nachgedacht und über sie gesprochen.

Warum? Warum? Warum?

„Warum gibt es mich?“
„Weil wir, deine Eltern, uns ineinander verliebt haben.“
„Okay, aber warum gibt es dann euch?“
„Na, weil unsere Eltern sich auch ineinander verliebt haben.“
„Klar, aber sie, warum gab es sie?“
„Gleiche Antwort. Sie hatten auch einen Vater und eine Mutter.“
„Logo, aber deren Eltern?“
„Puh, jetzt reicht's. Es ist schon spät. Zeit für dich, ins Bett zu gehen. Du musst morgen Früh zur Schule.“

Ähnliche Gespräche wie dieses haben wir alle wohl schon einmal geführt. Wenn man erst mal mit der langen Kette der Warums anfängt, ist kein Ende abzusehen. Es ist die Kette der Warum-Fragen, auf die es keine Antworten gibt, und diese lange Kette der Warum-Fragen hört erst auf, wenn wir die Götter ins Spiel bringen. Warum gibt es Wind? Weil der Gott des Windes bläst. Und niemand kann ihn fragen, warum: Er bläst, wann immer er Lust hat. Der Gott des Windes setzt den Fragen, warum es einen Wind gibt, ein Ende.

Dank der Götter ist die Welt für uns plötzlich kein Rätsel mehr. Sie stellen für alles eine Erklärung dar, sind für alles zuständig. Hurra!

Das ist wirklich schön, denn jetzt können die Menschen wieder ruhig schlafen.

Bitte, bitte ...

Wenn alles in den Händen der Götter liegt, können sie den Menschen vielleicht beistehen und ihre Probleme aus der Welt schaffen.
Wenn es lange nicht geregnet hat und eine schlechte Ernte ins Haus steht, könnte man dann nicht den Regengott bitten, Wasser zu schicken? Warum nicht den Gott des Meeres bitten, für mehr Fische zu sorgen, damit der Fang reichlicher ausfällt? Oder der Gott der Gesundheit: Er kann doch sicher die Kinder vor Krankheiten bewahren. Und jeder weiß, was zu tun ist, wenn man jemanden um seine Hilfe bitten möchte: Man ist höflich zu ihm, bietet ihm ein kleines Geschenk an, lädt ihn zum Essen ein oder schreibt ihm einen netten Brief. Das müsste den Göttern doch auch gefallen.
Folglich werden die Menschen versuchen, den Göttern gefällig zu sein. Sie errichten herrliche Gebäude für sie, stellen riesige Statuen auf, an deren Sockel sie täglich Opfer niederlegen: Wein, Obst, Kuchen, Schmuckstücke, Duftöle. Sie töten ihre besten Tiere, um beim Mahl für die Götter ausgezeichnetes Fleisch servieren zu können. Sie organisieren großartige Aufführungen, Theaterstücke, Gesangswettbewerbe, Gedichtabende, Wettläufe oder Wagenrennen und Schlachten. Und all das, um den Göttern eine Freude zu machen.
Die Menschen hoffen, dass die Götter im Gegenzug die Sonne scheinen lassen, damit es auf der Erde gute Ernten gibt, dass sie Krankheiten heilen, Stürmen Einhalt gebieten oder denen, die ihnen die großzügigsten Gaben gebracht haben, im Krieg zur Seite stehen. Die Menschen hoffen, dass das Leben auf dieser Erde für sie dann sehr viel angenehmer und leichter wird.

Es ist ein beruhigendes Gefühl, dass die Götter am Leben der Menschen teilhaben, dass die Menschen zu ihnen sprechen und sie um Hilfe und Schutz bitten können. Dafür sind die Menschen den Göttern dankbar. Sie fühlen sich ihnen nahe, sie fühlen sich mit ihnen verbunden. Das nennt man Religion. Und der Begriff Religion bedeutet ursprünglich *Rückverbindung*.

Wer macht was?

Die Götter gnädig zu stimmen kostet viel Zeit. Aber die Menschen müssen natürlich auch Obst und Gemüse anbauen und jagen und fischen, damit sie etwas zu essen haben. Sie müssen ihre Kinder erziehen, Häuser bauen, Holz schlagen, damit sie im Winter nicht frieren, und so weiter. Deshalb beschlossen sie, sich die anfallenden Arbeiten zu teilen: Von dieser Zeit an gibt es Menschen, die sich den ganzen Tag über um die Götter kümmern: die Priester.

Die Götter werden perfekt bedient: Die Priester haben sehr viel Zeit, sie wissen, wie man zu den Göttern spricht, sagen schöne Gebete auf. Eigentlich eine ganz gute Idee.

Die Menschen, die nicht Priester sind, kommen natürlich zu den Festen, die zu Ehren der Götter organisiert werden. Sie tun, was die Priester ihnen sagen. Allerdings kann es trotzdem zu Problemen kommen. Manchmal glauben die Menschen nämlich, dass die Priester magische Kräfte haben. Und das kommt den Priestern von Zeit zu Zeit sehr gelegen.

Achtung!

Anne hat einen dicken Bauch, sie wird bald ihr Baby bekommen. Wie alle werdenden Mütter hat sie ein bisschen Angst davor. Damit die Geburt gut verläuft, bittet sie den Priester, Feste zu feiern und zur Göttin der Gebärenden zu beten. Am Abend des vierten Festes setzen die Wehen ein, und Anne bringt ein wunderschönes Baby zur Welt. Alles ist gut gelaufen. Nachdem die anderen Frauen das gesehen haben, wenden auch sie sich immer häufiger an den Priester. Offenbar schenkt einem die Göttin der Gebärenden eine gute Geburt und ein gesundes Kind, wenn der Priester sie darum bittet. Alle bewundern den Priester, und im Laufe der Zeit fangen die Menschen an zu glauben, dass auch er ein bisschen wie ein Gott ist. Vielleicht ist es ganz ratsam, ihm auch Geschenke zu machen und kleine Gefälligkeiten zu tun, damit er weiterhin bereit ist, für die Frauen und ihre Babys ein gutes Wort bei der Göttin der Gebärenden einzulegen.

Zu glauben, dass der Priester ein Gott ist oder dass die Götter nur zu dem Priester sprechen, ist jedoch ziemlich gefährlich. Als Folge davon beginnen die Menschen nämlich bald damit, den Priester wie einen Gott zu verehren. Und der Priester, der sich mit der Zeit immer bedeutender und wichtiger fühlt, könnte auf die Idee kommen, die Menschen herumzukommandieren. Das geht ganz leicht. Er kann behaupten: „Die Götter wollen, dass du mir dein Haus überlässt. Andernfalls muss dein Sohn sterben." Oder: „Die Götter wollen, dass ich zum Stammesoberhaupt ge-

wählt werde, andernfalls wird es zehn Jahre lang nicht mehr regnen." Oder vielleicht auch: „Die Götter wollen, dass ihr alle umbringt, die mir nicht gehorchen. Andernfalls werden sie uns ein schreckliches Erdbeben schicken."

Ein zweijähriges Kind glaubt noch alles, was seine Eltern sagen. Zum Beispiel: „Wenn du deine Suppe nicht isst, kommt der böse Wolf und frisst dich auf." Wenn die Eltern mit dem bösen Wolf drohen, bekommt das Kind Angst und isst schnell seine Suppe auf. Ein Mensch, der glaubt, dass ein Priester ein Gott ist, verhält sich ähnlich: Er glaubt dem Priester aufs Wort, bekommt Angst und gehorcht.

Auf diese Weise können tausende und abertausende von Menschen hinters Licht geführt, belogen, bestohlen oder gar getötet werden. Weil ein Priester ihnen weismachen kann, dass die Götter ihm ihre Befehle ins Ohr flüstern. Es handelt sich natürlich nur um Befehle, die ihm hervorragend in den Kram passen.

Doch in einem solchen Fall handelt es sich nicht mehr um eine Religion, denn die Menschen stehen nicht mehr mit Gott oder den Göttern in Verbindung. Sie stehen nur in Verbindung mit dem Menschen, der sie hinters Licht führt. Sie gleichen einer Armee von Robotern, die von einem allmächtigen Führer gesteuert werden. Einem Führer, der behauptet, ein Gott zu sein.

Eine solche Armee bezeichnet man als Sekte.

Ein einziger Gott

Manche der vielen Kulturen haben sich stärker ausgebreitet als andere. Das sind jene, die nur einen Gott haben. Dieser Gott ist etwas ganz Besonderes. Er dient nicht nur dazu, die Kette der vielen Warum-Fragen zu beenden oder eine Erklärung für die Entstehung der Welt zu haben. Er verursacht nicht nur alle Vorkommnisse in der Natur, er ist nicht nur für den Wind, die Son-

ne und den Regen zuständig. Was diesem Gott am meisten am Herzen liegt, ist, dass die Menschen einander lieben. Sie sollen sogar ihre Feinde lieben, alle Mitmenschen respektieren und in Frieden leben.
Dieser Gott liebt die Menschen, und er hat sich ein großes Ziel gesetzt: Er will das Böse im Menschen vernichten. Er will den Menschen auf eine ganz besondere Weise dabei helfen, sich gegenseitig zu lieben, nämlich allein dadurch, dass er sie in ihrem Leben begleitet.
Dieser Gott verlangt deshalb keine Geschenke, auch keine Vorführungen, gewaltigen Statuen oder großen Gebäude. Er will nicht, dass die Menschen großartige Feste für ihn veranstalten, ihm Gold, Silber oder anderen Schmuck opfern. Nein, an Geschenken ist dieser Gott nicht interessiert. Er verlangt nur eines: dass die Menschen an ihn glauben. Und wenn sie das tun, hilft er ihnen dabei, die Liebe zu leben. Das bedeutet, er hilft ihnen, Gefühle wie Eifersucht, Egoismus, Bosheit und Gewalttätigkeit aus ihrem Herzen zu tilgen und sich von dem Bösen reinzuwaschen, das in ihnen schlummert.
Deshalb verlangt Gott, dass die Menschen an ihn glauben.

Weiß man oder glaubt man?

„Mama, glaubst du, dass mir der Weihnachtsmann etwas Schönes schenkt?"
Adrian stellt diese Frage, weil er sich nicht sicher ist, ob ihm sein Geschenk auch gefallen wird. Vielleicht wird es ihm gefallen, vielleicht auch nicht. Er hat Zweifel. Doch dass Weihnachten kommt, daran zweifelt er nicht. Er fragt nicht: „Glaubst du, dass dieses Jahr am 25. Dezember Weihnachten ist?" Das weiß er.
„Und du, glaubst du, dass dieser Kugelschreiber auf den Boden fällt, wenn ich ihn fallen lasse?"
Nein, das glaube ich nicht, das weiß ich. Ich kann es sogar beweisen: Ich nehme ihn in die Hand, öffne die Finger, und schon liegt er auf dem Boden.
„Glaubst du, dass die Menschen schon auf dem Mond waren?"
Nein, das glaube ich nicht, ich weiß es.
„Glaubst du, dass alle Erwachsenen früher mal Babys waren?"
Nein, das glaube ich nicht, das weiß ich.
Die Menschen, die daran glauben, dass es einen Gott gibt, wissen nicht mit Sicherheit, ob er existiert. Wissen können sie es nicht, sie glauben es. Man sagt, dass sie *gläubig* sind.
Wer gläubig ist, hat beschlossen, an Gott zu glauben: daran, dass Gott existiert, dass er uns liebt, dass er aus uns bessere Menschen machen möchte und uns helfen kann, uns zu verändern.
Gläubig zu sein ist etwas, das sich im Inneren eines Menschen abspielt.

Im Inneren jedes Menschen

Kevin hat sich auf dem Schulhof hinter einem Baum versteckt. Er beobachtet Julia, die mit ihren Freundinnen Gummihüpfen spielt. Kevin findet Julia wunderschön mit ihren blonden Haaren, er würde sie zu gern zu seinem Geburtstag einladen, traut sich aber nicht. Er hat Angst, sie würde ihn auslachen. Ehrlich gesagt, ist er ein bisschen in sie verliebt, weiß aber nicht, ob sie ihn auch mag.
Wenn er seine Freunde fragt: „Glaubt ihr, dass Julia mich mag?", antworten manche mit Ja, andere mit Nein. So richtig weiß es niemand. Oh doch, jemand weiß es: nämlich Julia selbst.

Nur Julia selbst weiß, wie es in ihrem Herzen aussieht. Niemand kann an ihrer Stelle für sie entscheiden, niemand kann ihr sagen: „Hör mal, du liebst Kevin, du hast gar keine andere Wahl."
So ähnlich verhält es sich mit Gott. Jeder Mensch entscheidet ganz allein, ob er glaubt, dass Gott existiert. Niemand kann einem anderen sagen: „Gott existiert, du musst daran glauben, du hast gar keine andere Wahl."
Religion spielt sich im Innersten eines jeden Menschen ab. Es steht jedem frei, sich mit Gott in Verbindung zu setzen, sich *rückzuverbinden*.

Welche ist die wahre Religion?

„Welche ist die wahre Religion?“ Das ist eine sehr gefährliche Frage. Es gibt viele Leute, die absolut davon überzeugt sind, dass ihre Religion die einzig wahre Religion ist und dass ihr Gott der einzig wahre Gott ist. Oft drohen sie anderen Menschen und zwingen sie, zu ihrer Religion überzutreten. Solche Leute nennt man Fanatiker. Fanatiker sind gefährliche Leute, weil sie sich für Soldaten halten, die im Auftrag Gottes handeln. Sie glauben, das gäbe ihnen das Recht, alles zu tun.

„Welche Religion ist die wahre Religion?“, ist zudem eine völlig nichts sagende Frage.

Wie kann man entscheiden, ob etwas richtig oder falsch ist, wenn niemand es beweisen, niemand es wissen kann? Es ist eine dumme Frage, genauso dumm, als würde man sich zum Beispiel fragen, ob Englisch wahrer ist als Deutsch.

Von der Freiheit

Es gibt viele Dinge, bei denen sich die Menschen ganz sicher sein können, Dinge, die sie zwangsläufig akzeptieren müssen. Sie sind gezwungen hinzunehmen, dass sie älter werden, dass Wasser sie nass macht, dass zwei plus zwei gleich vier ist, dass es tagsüber nicht dunkel ist und dass auf den Sommer der Herbst folgt. Doch zum Glück kann jeder von uns in seinem Inneren glauben, was er will. Unsere Gedanken sind frei, absolut frei! Und genau hier, in diesem Bereich, spielt sich die Beziehung jedes Menschen mit Gott ab: in der Freiheit seiner Gedanken.

Kevins Freunde können nicht länger mit ansehen, ihn wegen Julia leiden zu sehen. Also beschließen sie, dafür zu sorgen, dass Julia ihn erhören muss. Ihnen ist jedes Mittel recht: Sie drohen ihr damit, ihre Hefte zu zerreißen, ihr Gummiband durchzuschneiden, Kaugummi in ihre Haare zu kleben. Sie stehlen ihr das Pausenbrot und verstecken ihren Mantel. Dann versprechen sie ihr aber, sie in Ruhe zu lassen, sobald sie Kevin sagt, dass sie in ihn verliebt ist. Julia ist verzweifelt, sie hat Angst und traut sich nicht, sich jemandem anzuvertrauen. Schließlich gibt sie klein bei. Sie geht zu Kevin und sagt ihm, dass sie ihn liebt.

Ganz klar, dass ein solches Geständnis niemals ehrlich gemeint sein kann! Julia glaubt ja selbst nicht an das, was sie zu Kevin sagt. Sie gehorcht einem Befehl, sie ist das Opfer einer Erpressung: Genau das ist das Gegenteil von Aufrichtigkeit. Julia ist in diesem Moment nicht frei. Was sie tut, hat absolut nichts zu bedeuten.
Wenn es um Religion ging, haben viele Menschen so gehandelt wie Kevins Freunde. Sie führten Kriege, um tausende, ja Millionen von Menschen dazu zu zwingen zu sagen: „Ja, ich glaube an euren Gott."

Sie haben nicht begriffen, dass das Wichtige bei einer Religion die Aufrichtigkeit ist und damit auch die Freiheit. Menschen, die das begreifen, akzeptieren es, dass andere Menschen an einen anderen Gott oder auch an mehrere Götter glauben oder vielleicht auch an keinen Gott. Sie sind tolerant.

Freiheit und Toleranz

Es ist unmöglich, zu einem anderen zu sagen: „Aber klar doch! Gott existiert! Das ist genauso sicher, wie dass zwei plus zwei vier ergibt!" Genauso unmöglich ist es zu sagen: „Gott existiert nicht, da bin ich mir sicher. Genauso sicher, wie dass zwei plus zwei nicht fünf ergibt."

Jemand, der an Gott glaubt, hat das Recht, es sehr merkwürdig zu finden, dass andere nicht glauben. Er darf es auch sehr schade finden. Oder sehr traurig. Oder sehr störend. Diejenigen hingegen, die nicht an Gott glauben, dürfen denken, dass der Glaube an einen Gott sehr merkwürdig ist. Oder sehr dumm. Oder sehr kindisch. Oder total daneben. Das heißt aber nicht, dass sie sich voneinander fern halten müssen. Die Gläubigen dürfen für ihre Religion eintreten, diejenigen, die an nichts glauben, dürfen ihre Ideen verteidigen.

Sich zu verteidigen ist jedoch nicht gleichbedeutend damit, andere wegen ihres Glaubens anzugreifen.

Menschen können ihre Ideen verteidigen, ihre Religion, ihren Gott oder ihre Götter. Und trotzdem gleichzeitig die Ideen, die Religion von anderen verstehen. Dann sind sie das, was man tolerant nennt.

Religion verbindet die Menschen untereinander

Eine Religion ist zunächst einmal ein inneres Band, das einen Menschen mit Gott verbindet. Doch dieses innere Band, das einen Menschen mit Gott verbindet, verbindet die Menschen auch untereinander. Diejenigen, die dieselbe Religion haben, haben auch dieselben Vorstellungen über das Leben und den Tod, und sie haben die Hoffnung, bessere Menschen werden zu können. Sie versuchen, einander zu lieben. Das bringt sie einander näher.

Pamelas Familie ist vor kurzem umgezogen. Am neuen Wohnort hat Pamela noch keine Freunde. Am Mittwochnachmittag, als ihre Eltern arbeiten, zieht sie ihre Inliner an und fährt ganz allein durch das neue Stadtviertel. Da sieht sie eine Gruppe von Kindern, die ebenfalls auf Inlinern unterwegs sind. Sie laufen um die Wette, fahren Slalom und machen die tollsten Sprünge. Etwas schüchtern nähert sich Pamela der Gruppe, und die Kinder fragen sie sofort, ob sie mit ihnen laufen möchte. Pamela fährt recht gut und ziert sich nicht lange. Als sie eine Pause machen, beginnen sie, miteinander zu reden. Es stellt sich heraus, dass alle zweimal den letzten Zorro-Film gesehen haben und froh darüber sind, dass die Schulkantine nun Selbstbedienung hat. Eines der Mädchen sammelt wie Pamela Briefmarken und fragt, ob sie mal welche tauschen könnten, und dann sind da noch zwei Jungen, die in Pamelas Nachbarhaus wohnen. Als sie am Abend nach Hause geht, ist Pamela vor Freude ganz außer sich: An einem einzigen Nachmittag hat sie eine ganze Gruppe neuer Freunde gefunden.

Pamela hat mit ihren neuen Freunden viele Gemeinsamkeiten: die Inliner, bestimmte Lieblingsfilme, die Meinung über die Schulkantine, Briefmarken und das Stadtviertel. Das hat Pamela geholfen, sehr rasch Zugang zu einer neuen Gruppe zu finden, Kontakte zu knüpfen. Gemeinsame Interessen bringen uns anderen Menschen näher.
Bei jeder Religion schaffen wichtige Gemeinsamkeiten ein starkes Band zwischen den einzelnen Menschen. Manche arbeiten von Freitagabend bis Samstagabend nicht, um Zeit zum Beten zu haben, Gottes Schriften zu lesen und Kranke zu besuchen. Sie singen, tanzen, setzen sich Masken auf, versammeln sich entweder jeden Freitag oder jeden Sonntag, oder essen einen Monat lang im Jahr immer nur nachts. Damit auch ihre Kinder dieser Religion treu bleiben, bestreichen sie den Mund des Neugeborenen mit Honig und geschmolzener Butter oder gießen ihm Wasser und Öl über das Köpfchen. All dies ist Anlass zu Zusammenkünften, bei denen man sich kennen und verstehen lernt.
Die Religionen haben das Zusammenleben der Menschen oft erleichtert und tun es manchmal noch immer. Vor allem heutzutage, wo viele Menschen unterschiedlicher Religionsgemeinschaften miteinander in Kontakt und im Gespräch sind. Die Menschen denken über die Ähnlichkeiten ihrer jeweiligen Religion nach, statt sich wegen der Unterschiede zu bekämpfen. Das ist ein großer Fortschritt. Religionen sind nicht nur Schlachtfelder.

Mit oder ohne Gott

Was die Religionen uns sagen, ist für jeden von uns interessant: lieben, helfen, verzeihen, sich versöhnen, Gewalt ablehnen, danach streben, ein besserer Mensch zu werden.
Dank der Religionen sind diese Ideen um die Welt gereist. Diese Ideen sind wichtig, und es ginge uns noch besser, wenn wir an sie glauben würden. Und vor allem, wenn wir sie auch leben würden.
Natürlich kann man versuchen, all diese Dinge zu verwirklichen und

durchzuführen, auch wenn man nicht daran glaubt, dass sie eine Botschaft von Gott an uns Menschen sind. Diese Ideen sind ein Bestandteil unserer Welt geworden. Mit oder ohne Gott. Mit oder ohne Religion.

*Natürlich können wir Zwänge und Verpflichtungen ablehnen und nur darauf versessen sein, unsere Freiheit zu behalten, und zwar eine größtmögliche Freiheit. Doch wir können unsere Freiheit auch dazu nutzen, eine Wahl zu treffen, die uns neue Freuden und neue Menschen entdecken lässt …
Und dann ist die Freiheit ein Mittel – der Weg zu unserem Glück. Einem Glück, für das wir selbst verantwortlich sind.*

Frei und unfrei

Frei und unfrei

So sicher ist das nicht

- *Ich weiß schon heute, dass mein Vater beim Endspiel der nächsten Fußballweltmeisterschaft vor dem Fernseher sitzen wird.*

Ich kann davon überzeugt sein, dass er sich dieses Spiel anschauen wird. Aber es ist trotzdem nicht auszuschließen, dass er an diesem Tag vielleicht doch etwas anderes tut. Es kann sein, dass etwas dazwischenkommt und er sich zu etwas anderem entschließt.

- *Ich weiß, dass meine Mutter zum Frühstück immer eine Tasse Tee mit zwei Stück Würfelzucker trinkt.*

Ich kann vorhersehen, dass meine Mutter ihren Tee immer mit Zucker trinkt. Es kann aber sein, dass sie an irgendeinem Tag mal ungesüßten Kaffee trinken wird.

- *Ich befürchte, dass mein großer Bruder mir meinen Fünf-Euro-Schein klaut, wenn ich ihn nicht sofort verstecke.*

Es kann jedoch auch sein, dass er ihn liegen lässt. Ganz sicher weiß man das nie!

Wenn ich das Rädchen an meiner Fernsteuerung nach rechts drehe, kann ich mir sicher sein, dass mein Modellauto nach rechts fahren wird. Darauf kann ich mich hundertprozentig verlassen. Wenn ich meinen Computer so programmiere, dass er jeden Abend um Punkt zehn Uhr ausgeht, kann ich mir sicher sein, dass er jeden Abend um Punkt zehn Uhr abschaltet. Doch ein Mensch ist niemals total vorhersehbar, man weiß nie ganz genau, was er tun oder wie er reagieren wird. Menschen sind weder programmiert noch ferngesteuert: Sie sind freie Wesen.

Sonne, geh nie mehr unter!

Ich möchte, dass morgen schönes Wetter ist. Ich will, dass meine Eltern nie älter werden. Kommt nicht in Frage, dass die Sonne heute Abend untergeht. Ich will schon in der nächsten Minute lange Haare und grüne Augen haben. Ich will nicht mehr weiterwachsen. Ich möchte mich gern in einen Schmetterling verwandeln. Du sollst ein Schimpanse werden. Ich habe beschlossen, den Tod abzuschaffen.

Das morgige Wetter hängt nicht von uns ab. Auch in den anderen Punkten haben wir keine Wahl: Kinder wachsen, werden älter und sterben irgendwann. Wir können uns weder in einen Schmetterling noch in einen Schimpansen verwandeln. In Fällen wie diesen sind wir nicht frei in unseren Entscheidungen.
Wir fühlen uns nur dann frei, wenn wir ein kommendes Ereignis beeinflussen können.

Kopfrechnen oder Videokassette?

Wenn wir von einer Stechmücke belästigt werden, die uns aber nicht sticht, denken wir nicht: „Die ist aber lieb, diese Stechmücke. Sie hat beschlossen, mich nicht zu stechen." Sondern wir sagen: „Uff! Wahrscheinlich hat sie gerade jemand anderen gestochen und ist jetzt satt", oder: „Was für ein Glück, sie mag meinen Geruch nicht."

Trotzdem könnte man sich vorstellen, dass die Stechmücke aus freien Stücken beschlossen hat, uns in Ruhe zu lassen. Doch das ist nicht der Fall: Wenn sie uns nicht sticht, dann muss es einen Grund dafür geben. Sie war schon satt, mochte den Duft unserer Haut nicht oder sonst etwas. Es ist dasselbe wie bei einem Stück Eisen, das sich an den größten und am nächsten gelegenen Magneten heftet: Das Eisenstück beschließt nicht, sich genau an diesen Magneten zu hängen, sondern es heftet sich an den Magneten, der es am stärksten anzieht.

Willst du lieber zwei Stunden lang Kopfrechnen oder dir ein Video anschauen? Willst du lieber eine Ohrfeige oder ein Geschenk? Hättest du lieber fünf oder zehn Euro Taschengeld pro Woche? Soll ich dir ein altes, vergammeltes Auto kaufen oder ein brandneues? Wärst du lieber reich, schön und intelligent oder arm, hässlich und dumm?

Bei jeder dieser Fragen gibt es einen überzeugenden Grund, sich jeweils für eine der beiden Möglichkeiten zu entscheiden. Reagieren wir also auf diese Fragen nicht genau wie die Stechmücke oder das Eisenstück, die gar keine Wahl haben? Und ist es im Leben nicht immer so? Gibt es nicht immer einen Beweggrund, der stärker ist als alle anderen und uns die Entscheidung abnimmt? Nein, zum Glück nicht immer. Wenn wir uns immer für das überzeugendste Argument entscheiden würden, stünde von vornherein alles fest: Dann könnten wir von unserer Entscheidungsfreiheit niemals Gebrauch machen.

Mugus ist ratlos

Stell dir Folgendes vor: Wissenschaftler haben Roboter erfunden, die alles können: essen, trinken, schlafen, Pipi machen, Karten spielen und so weiter. Sie haben viel Spaß mit den Robotern, die ihre besten Freunde geworden sind und sich wie Menschen benehmen. Und zudem sind diese Roboter sehr intelligent, sie wissen genauso viel wie die Wissenschaftler. „Sonderbar“, sagt sich Mugus, einer der

Wissenschaftler. „Von 10 000 Robotern raucht kein einziger, während die Hälfte von uns Wissenschaftlern raucht. Uns muss ein Programmierfehler unterlaufen sein.“ Mugus nimmt sich die Diskette „Informationen über Tabak“ vor. Er überspringt die Angaben zum Anbau von Tabak und geht direkt zum Kapitel 14 355 über: „Unsere Beziehung zu Tabak.“ Er liest: „Der erste Zug an einer Zigarette schmeckt scheußlich, man muss husten und sich eventuell sogar übergeben. Doch nach den ersten Zigaretten kann das Rauchen Spaß machen. Manchmal ist das Verlangen nach einer Zigarette sogar noch stärker als sonst, zum Beispiel bei einer Tasse Kaffee oder einem Glas Wein. Man fühlt sich entspannter und gelassener. Zudem zügelt das Rauchen den Appetit, ein interessanter Gesichtspunkt, wenn man nicht zunehmen will. Mit einer Zigarette in der Hand fühlen sich viele sicherer als sonst. Und schon nach wenigen Wochen schmeckt sie einem so gut, dass viele das Rauchen nicht mehr lassen können. Manche gehen sogar nachts meilenweit, nur um sich eine Schachtel Zigaretten zu kaufen. Und das, obwohl die Haut vom Rauchen grau wird, Zähne und Fingernägel sich gelb verfärben und Kleidung, Haare und Atem unangenehm riechen. In den Lungen lagert sich Teer ab, man wird schnell kurzatmig, besonders am Morgen nach dem Aufwachen macht sich Husten bemerkbar. Rauchen verursacht Krebs, vor allem Lungenkrebs und Kehlkopfkrebs, und Millionen von Menschen sterben wegen …“ So geht die Datei noch endlos weiter. „Kein Irrtum, alles ist richtig“, denkt Mugus und kratzt sich ratlos am Kopf. „Es stimmt, dass diese Informationen einem nicht gerade Lust auf das Rauchen machen. Ich kann verstehen, dass die Roboter nicht rauchen. Aber warum rauche ich dann, obwohl ich das alles auch weiß?“

Gute Frage, Mugus!
Warum die Roboter nicht rauchen, ist verständlich: Bevor ein Roboter eine Entscheidung trifft, vergleicht er die positiven und negativen Seiten einer Sache, und folglich ist es ganz klar, dass er beschließt, nicht zu rauchen. Wie würde er sich freiwillig für etwas entscheiden, das so schädlich ist? Sobald der Roboter alles über Tabak weiß, kommt er gar nicht erst auf die Idee zu rauchen.

Wir sind keine Roboter!

Was im Kopf von uns Menschen abläuft, ist etwas komplizierter: Wir wissen genauso viel über die schädlichen Auswirkungen des Rauchens wie Mugus' Roboter. Trotzdem entscheidet sich so mancher von uns für das Rauchen. Obwohl er weiß, dass Rauchen seiner Gesundheit schadet. Er geht das Risiko ein, deswegen zu sterben. Aber es ist ihm gleichgültig. Er weiß zwar, was ihm blühen kann, doch dies ist für ihn kein Grund, die Konsequenzen zu ziehen. All sein Wissen hindert ihn nicht daran, etwas Dummes zu tun. Es steht uns frei, bestimmte Eigenschaften einer Sache zu verdrängen. Ohne diese Freiheit wären wir Menschen wie Roboter oder Computer.

„Okay, es ist nicht gerade klug, meine Freiheit hierfür zu nutzen, es ist sogar schwachsinnig, stimmt. Aber dennoch ziehe ich es vor, frei zu sein, auch wenn ich manchmal Dummheiten mache!"

Es ist offensichtlich, dass diese Freiheit uns manchmal auch zu Dummheiten verleiten kann, wie zum Beispiel zum Rauchen. Doch das Wichtige ist, dass wir diese Freiheit haben. Denn nur durch sie können wir eine eigene Persönlichkeit entwickeln. Und nur deshalb sind wir keine Roboter, sondern einzigartige Persönlichkeiten.

Das rote Bonbon oder das rote Bonbon?

Kleines Entscheidungsspiel: Mugus lässt seinen Roboter an einem Tisch Platz nehmen. Auf diesem Tisch liegen zwei Bonbons, zwei genau gleiche Bonbons. Sie sind gleich groß, gleich schwer und riechen genau gleich. Der Roboter darf eines davon essen, aber nur ein einziges. Egal welches. Mugus beobachtet den Roboter, der von einem Bonbon zum anderen blickt. So vergehen eine Stunde, zwei Stunden, drei Stunden, schließlich ein Tag, zwei Tage, eine Woche, zwei Monate, ein Jahr. Der Roboter hat sich noch immer nicht entschieden.

Der Roboter kann sich nicht entscheiden. Auch in hundert Jahren wird er noch keines der beiden Bonbons gelutscht haben. Er kann sich nicht entscheiden, weil es keine Argumente gibt, die seine Entscheidung beeinflussen könnten. Die beiden Bonbons, zwischen denen er die Wahl hat, sind genau gleich. Ein Mensch hätte sich im Gegensatz dazu schnell entschieden. Er braucht dafür keine Begründung, es reicht ihm schon aus, dass er sich die Gelegenheit, ein Bonbon zu bekommen, nicht entgehen lassen will. Unsere Freiheit besteht auch darin, uns ohne einleuchtenden Grund für oder gegen etwas entscheiden zu können.

Über den Daumen gepeilt

Kann Freiheit auch bedeuten, dass man alles übersieht oder vergisst, was man weiß, und sich ohne Grund für etwas entscheidet – einfach so? Aber nein, ganz und gar nicht.

Beginn eines neuen Schuljahrs. Jonas muss ein paar Entscheidungen treffen:

- Mit Fußball weitermachen oder mit Basketball anfangen?
- Englisch oder Französisch lernen?
- Mit Jessica oder mit Ariane gehen?

Jonas hat immer eine Münze in der Tasche. Er holt sie heraus. Kopf oder Zahl? Mal sehen ...

- Kopf: Fußball. Er wirft die Münze und – Zahl!
Also wird er Basketball spielen.
- Kopf: Englisch. Er wirft und – Kopf!
Also wird er als erste Fremdsprache Englisch nehmen.
- Kopf: Jessica. Er wirft und - Zahl!
Also wird er sich für Ariane entscheiden.
„Schade, Jessica wohnt viel näher bei mir."

Jonas mag sich als freier Mensch fühlen, da niemand ihn zu irgendetwas zwingt. Doch er trifft seine Entscheidungen grundlos und überlässt alles dem Zufall, der dann an seiner Stelle bestimmt. Vor jeder Entscheidung könnte Jonas sich die Frage stellen, welche Gründe für die eine oder andere Möglichkeit sprechen, und sich dann für das entscheiden, was ihm besser erscheint. Dann würde er selbst bestimmen, was er tun und sein will, um seine Persönlichkeit zum Ausdruck zu bringen.

Die unglückselige Kokosnuss

Heute findet der Prozess statt, der Gerichtssaal ist berstend voll. Der Richter kommt herein und erklärt den Tatbestand. Herr Schmidt hat im Schatten einer Kokospalme ein Nickerchen gemacht. Als seine Frau ihn holen wollte, lag er ohnmächtig da, Gesicht und Kopf voller Blut. Er wurde eilends ins Krankenhaus gefahren, die Ärzte

konnten ihm das Leben retten, doch auf einem Auge ist er seither blind.

Die Beweisaufnahme ist abgeschlossen. Herr Schmidt bittet das Gericht, die schuldige Partei zu bestrafen und ihm eine finanzielle Entschädigung zuzusprechen. Wegen seines verlorenen Auges kann er nicht mehr in seinem früheren Beruf als Pilot arbeiten.

Ehe der Richter das Urteil spricht, schauen alle auf die Angeklagte: eine riesige Kokosnuss.

Warum finden wir diese Geschichte völlig unsinnig, ohne lange nachdenken zu müssen? Jeder wird spontan sagen: „Wie kann man nur auf die Idee kommen, unter einer Kokospalme ein Nickerchen zu machen? Da ist Herr Schmidt selbst schuld." Oder: „So ein Quatsch! Die Kokosnuss kann nicht sprechen und sich nicht verteidigen." Oder: „Das nützt doch sowieso nichts, von einer Kokosnuss kann Herr Schmidt kein Geld verlangen." Doch wir finden diese Geschichte vor allem deshalb so albern, weil die Kokosnuss nicht für den körperlichen Schaden des Herrn Schmidt verantwortlich gemacht werden kann. Und zwar deshalb nicht, weil eine Kokosnuss in ihren Entscheidungen nicht frei ist. Es ist ganz klar, dass sie nicht selbst entschieden hat, ob sie herunterfallen oder an der Palme hängen bleiben soll. Nicht frei zu sein bedeutet folglich, keine Verantwortung zu tragen.

Verantwortlich sein

Herr Müller verschlingt dreißig Sahnetörtchen pro Tag. Er weiß, dass er davon dick wird und vor allem auch schwer krank werden kann. Sein Arzt hat ihn gewarnt.

Man kann behaupten, dass Herr Müller eine freie Entscheidung trifft, weil er gut informiert ist und die Folgen seines Handelns kennt. Und wenn er tatsächlich eines Tages sehr dick und krank ist, kann er die Verantwortung dafür nicht abschieben. Denn da er über die Folgen Bescheid wusste, hätte es ihm frei gestanden, sein Verhalten zu ändern.

„Ich hab keine Lust mehr auf Schule!"

Carola ist sieben Jahre alt und geht in die erste Klasse. Eines Tages trifft sie eine wichtige Entscheidung: Sie will mit der Schule aufhören, denn was sie dort lernt, interessiert sie nicht. Es gibt nur eine Sache, die sie gerne tut: malen. Deshalb sieht sie nicht ein, warum sie sich die Mühe machen sollte, lesen, schreiben und rechnen zu lernen. Was nützt ihr das, wenn sie später Malerin werden will? Mit der Schule aufzuhören würde allerdings bedeuten, dass sie ihre Freundinnen nicht mehr sieht. Carola überlegt und kommt zu dem Schluss, dass sie sich ja ab und zu nach der Schule treffen könnten, und am Wochenende könnte sie sie manchmal zu sich einladen. Das zweite Problem wäre die Schulkantine: Dort ist es immer ganz lustig. Doch hierfür gibt es keine Lösung. Wenn Carola von der Schule abgeht, kann sie nie mehr in die Kantine gehen, nicht mal mehr ab und zu. „Pech", sagt sie sich. „Das wird mir fehlen, aber es geht auch ohne. Es ist beschlossene Sache: Ich hab keine Lust mehr auf Schule."

Carola trifft ihre Entscheidung aus freien Stücken. Es ist keine unüberlegte Entscheidung. Sie hat gründlich über die Folgen nachgedacht. Sie wird ihre Freundinnen nur noch selten sehen, darf nicht mehr in der Schulkantine essen, lernt weder lesen noch schreiben

oder rechnen. Doch die weiteren Folgen kann sie in ihrem Alter noch nicht abschätzen: Wenn sie nicht lesen, schreiben und rechnen kann, wird sie sicher reingelegt werden, wenn sie später ihre Bilder verkauft. Sie wird Mühe haben, ihre Ausstellungen zu organisieren, und wird ihr Leben lang von anderen abhängig sein. Und wenn die Malerei sie eines Tages nicht mehr interessieren sollte, würde sie nur schwer eine andere Arbeit finden und hätte auch kaum die Möglichkeit, anderen Interessen nachzugehen. Carolas Entscheidung sieht auf den ersten Blick wie eine freie Entscheidung aus. Doch sie ist es nicht. Um freie Entscheidungen treffen und unsere Freiheit wirklich nutzen zu können, müssen wir uns über die Folgen unseres Handelns im Klaren sein.

Mehr Licht, bitte!

Wenn wir nachts im Dunkeln herumspazieren und nur eine kleine Taschenlampe zwischen die Zehen geklemmt haben, stoßen wir überall an. Tragen wir eine Fackel vor uns her, stoßen wir schon etwas seltener an. Und mit einem Scheinwerfer können wir alles sehen, auch in der Ferne, stoßen nirgends mehr an und können gefahrlos umhergehen.

Carola ist erst sieben Jahre alt. In diesem Alter ist es noch schwer zu begreifen, welche Folgen ihre Entscheidung, die Schule zu verlassen, haben würde. Es ist so ähnlich, als hätte sie nur eine kleine Taschenlampe, um im Dunkeln zu sehen. Je älter sie wird, desto besser kann sie es begreifen.

Aus diesem Grund ist es verständlich, dass man Kindern weniger Freiheit zugesteht als Erwachsenen:

Ich will abends immer erst um Mitternacht ins Bett gehen. Ich will nur Süßigkeiten essen. Ich will den ganzen Tag fernsehen. Ich will keine Knieschützer anziehen, wenn ich Rollerblades fahre. Ich will im Auto vorne sitzen, ohne Sicherheitsgurt.

Schon als Kind hat man natürlich Lust, frei zu sein und all diese Dinge tun zu dürfen. Und natürlich noch viele andere! Aber man weiß vielleicht nicht unbedingt, dass der Körper eines Heranwachsenden viel Schlaf braucht, oder dass man krank wird, wenn man nur Süßigkeiten isst, und dass man sich das Genick brechen kann, wenn ein Auto plötzlich bremsen muss und man den Sicherheitsgurt nicht angelegt hat. Um freie Entscheidungen treffen zu können, muss man in der Lage sein, die Folgen seines Tuns im vollen Umfang zu begreifen.

Freiwillig gehorchen

Tobias schlendert durch die Spielzeugabteilung, während seine Mutter einkauft. Vor einem kleinen Flugzeugmodell bleibt er stehen. Das hätte er zu gern, aber er weiß, dass seine Mutter es ihm nicht kaufen wird. Sein Taschengeld hat er schon ausgegeben, als er gestern mit seinen Freunden im Kino war. Weit und breit ist niemand zu sehen, das Flugzeug ist sehr klein, es würde gut in seine Tasche passen. Tobias nimmt es in die Hand, schaut nach links und nach rechts und lässt es dann in der Tasche seines Anoraks

verschwinden. Er wartet ein paar Sekunden und tut so, als müsse er sich die Nase putzen. Nichts passiert. Dann geht er zu seiner Mutter und hilft ihr, die Einkäufe auf das Band an der Kasse zu legen. Doch warum schaut die Kassiererin ihn so komisch an? Und warum steht dieser große Mann mit einem Sprechfunkgerät am Ausgang? Er ist sicher ein Kaufhausdetektiv. Tobias glaubt zu sehen, wie sich die Kassiererin und der Detektiv zuzwinkern. Plötzlich bekommt er es mit der Angst zu tun. Er sagt seiner Mutter, er käme gleich wieder, rennt in die Spielzeugabteilung und legt das Flugzeugmodell an seinen Platz zurück.

Tobias hat sich dafür entschieden, nicht zu stehlen. Aus Angst, geschnappt zu werden, hat er das Flugzeugmodell zurückgelegt; er hat seiner Angst gehorcht. Das ist wie bei den Leuten, die sich schnell den Sicherheitsgurt anlegen, wenn sie einen Polizisten sehen, und Angst haben, eine Strafe bezahlen zu müssen. Doch eines Tages wird Tobias vielleicht gar nicht erst auf die Idee kommen zu stehlen: Er wird von selbst beschließen, das Gesetz einzuhalten, weil er der Meinung ist, dass das Stehlen zu Recht verboten ist. Dann handelt er wie die Leute, die ihren Sicherheitsgurt freiwillig anlegen, nicht aus Angst vor einer Strafe. Wer Gesetze und Vorschriften beachtet, kann trotzdem frei sein. Man kann auch aus freien Stücken gehorchen.

Besuch bei Großmutter

Es ist vier Uhr nachmittags, Julian verlässt die Schule. Das Wetter ist schön, er hätte Lust auf ein Fußballspiel mit seinen Freunden. Da hört er auf der anderen Straßenseite einen Blumenverkäufer rufen: „Drei Euro für einen Strauß Osterglocken!“ Julian kauft einen Strauß und beschließt, seine Großmutter zu besuchen, die nur fünf Minuten weit weg wohnt.

„Ein tolles Sonderangebot“, denkt sich Julian. „Großmutter wird sich unheimlich freuen!“ Er bleibt auch noch zum Abendessen bei seiner Großmutter. Sie spielen Karten und haben viel Spaß miteinander. Erst um neun Uhr geht Julian nach Hause. „Das war ein schöner Tag“, sagt sich seine Großmutter, als sie zu Bett geht. „Julian war richtig lieb. Ganz anders als beim Mittagessen letzten Sonntag. Da ist er sicher von seinen Eltern gezwungen worden mitzukommen.“

Über Julians Besuch mit den Osterglocken hat sich seine Oma viel mehr gefreut als über den Besuch am Sonntag zuvor. Doch das lag nicht an den Blumen. Der Unterschied zwischen den beiden Besuchen besteht darin, dass sie gespürt hat, dass Julian an diesem Tag freiwillig gekommen war.

Wenn wir etwas freiwillig tun, wird unser Tun bedeutender, wertvoller. Wenn man etwas freiwillig tut, hat es mehr Wert für uns und für die anderen als eine erzwungene Handlung.

Das bedeutet jedoch nicht, dass man sich nie zu etwas zwingen sollte: Wenn Julians Eltern ihn nicht ab und zu gezwungen hätten, seine Großmutter zu besuchen, hätte Julian sie niemals gut kennen gelernt und wäre vielleicht gar nicht auf die Idee gekommen, freiwillig ein paar Stunden bei ihr zu verbringen.

Entscheide du selbst!

Letzten Sommer war Sabrina eine Woche in einem Ferienlager. Ihre Eltern hatten damals einen wunderschönen Ort für sie ausgesucht. Dieses Jahr darf Sabrina erneut in ein Ferienlager fahren. Papa kommt mit einem dicken Stapel Prospekte nach Hause und sagt, diesmal dürfe sie selbst aussuchen, wohin sie fahren möchte. „Es gibt überall noch freie Plätze", sagt er. „Du kannst entweder ans Meer fahren und an einem Segelkurs teilnehmen, oder in die Berge, wo man toll wandern kann, oder aufs Land, wo du einen Reitkurs machen und Mountainbike fahren kannst. Schau dir die Prospekte an, da steht alles drin."

Sabrina blättert die Prospekte durch. „Eigentlich hätte ich auf alles Lust", sagt sie unschlüssig.

„Es kostet überall genau gleich viel. Du kannst wählen, was du willst."

„Wohin würdest **du** an meiner Stelle fahren?", fragt sie.

„Meiner Meinung nach sind alle diese Ferienlager gleich gut organisiert. Worauf hast du denn am meisten Lust?"

„Ich weiß nicht, schwer zu sagen. Ich mag das Meer, ich mag Pferde, ich war noch nie in den Bergen. Wie sollte ich mich da für etwas entscheiden können? Willst du nicht für mich entscheiden?"

„Nein, ich stecke nicht in deiner Haut. Aber du hast bis Dienstag Zeit, dich anzumelden. Und falls es dir lieber ist, kannst du natürlich auch zu Tante Beatrix und deinen Cousins fahren."

„Echt? Meine Cousins sind im Sommer zu Hause? Oh nein, gleich platzt mir der Kopf."

Freiheit kann manchmal ganz schön anstrengend sein! Sabrina begreift schnell, dass es vielleicht doch einfacher wäre, wenn ihr Vater ihr die Entscheidung abnehmen würde. Doch indem er die Entscheidung seiner Tochter überlässt, gibt er ihr alle Freiheit und verlangt von ihr, die Verantwortung selbst zu übernehmen und selbst zu entscheiden, was sie machen möchte. Das ist der Punkt, der die Freiheit so schwierig machen kann.

Ein Skandal!

Wir besitzen einen Verstand, Ideen, Gefühle, Empfindsamkeit, Intelligenz. Wir können Entscheidungen treffen, wählen, handeln – wir haben eine Persönlichkeit. Doch um sie zu entwickeln, brauchen wir die größtmögliche Freiheit. Im Rahmen dieser Freiheit und durch jede Entscheidung, die wir treffen, bauen wir unser Selbst weiter aus. Aus diesem Grund ist es ein Skandal, wenn die persönliche Freiheit beschnitten wird: Wer unsere Freiheit einschränkt, beschneidet unsere menschliche Natur.

... außer wenn

Die Freiheit des Einzelnen stößt an ihre Grenzen, wenn sie die Freiheit unserer Mitmenschen verletzt.

Lisa will Trompete spielen, Roland will seinen Mittagsschlaf halten. Die Jungen wollen im Hof Fußball spielen, die Mädchen haben dann aber keinen Platz mehr für sich zum Spielen. Karl hat in seinem Garten einen Bienenkorb aufgestellt, die Nachbarn fühlen sich von den Bienen belästigt. Felix fährt mit den Inlinern durch die Wohnung,

die Familie, die unter ihm wohnt, muss laut brüllen, um sich noch verständigen zu können. Kevin will im Kino unbedingt seinen Hut auflassen; die Frau hinter ihm sieht nichts von dem Film. Pascal bohrt leidenschaftlich gern in der Nase; bei Tisch finden es die anderen richtig widerlich.

Wir leben nicht allein, sondern mit vielen anderen zusammen. Und auch diese anderen wollen ihre Freiheit leben.

Lisa hat das Recht, Trompete zu spielen, Roland hat das Recht auf seinen Mittagsschlaf. Die Jungen haben das Recht, Fußball zu spielen, die Mädchen dürfen aber auch spielen. Karl hat das Recht, einen Bienenkorb aufzustellen, seine Nachbarn haben das Recht, nicht von Bienen belästigt zu werden. Felix hat das Recht, Inliner zu fahren, die Leute unter ihm haben das Recht, sich in normaler Lautstärke zu verständigen. Kevin hat das Recht, einen Hut zu tragen, die Frau hat das Recht, den Film zu sehen. Pascal hat das Recht, sich den Finger in die Nase zu stecken, die anderen haben das Recht, das widerlich zu finden.

Die totale Freiheit des Einzelnen ist also unmöglich: Wenn wir mit anderen zusammenleben, haben wir nicht alle Möglichkeiten. Wir müssen hinnehmen, dass unsere Freiheit eingeschränkt ist. Also muss man Zugeständnisse machen: Jeder sollte seine Freiheit möglichst wenig einschränken müssen, damit die anderen möglichst viel Freiheit genießen können.

Lisa muss sich fragen, ob sie mit ihrem Trompetenspiel nicht besser so lange wartet, bis Roland ausgeschlafen hat, oder ob sie lieber unten im Keller spielen will. Die Jungen und die Mädchen teilen den Hof unter sich auf. Karl stellt den Bienenstock auf der anderen Seite seines Hauses auf.

Felix skatet auf der Straße. Kevin behält seinen Hut auf, macht sich auf seinem Sitz aber möglichst klein. Pascal wartet, bis er allein im Zimmer ist, ehe er sich den Finger in die Nase steckt.

Es ist ein Skandal, wenn wir in unserer Freiheit eingeschränkt werden ... außer wenn unsere Freiheit die anderen daran hindert, *ihre* Freiheit auszuleben.

Lisa, die Wüste und die Trompete

Lisa fährt allein in die Wüste. Ihre Trompete nimmt sie mit. Das wird toll werden: Sie wird so laut und so lange spielen können, wie sie will, auch bei Mondschein. Als sie zu einer schönen Düne kommt, packt sie ihre Sachen aus.

Stellen wir uns nun vor, dass Lisa den Kopf hebt und ein Schild entdeckt, auf dem steht:

JEDER LÄRM IST STRENGSTENS VERBOTEN. RADIOS, CD-SPIELER, MUSIKINSTRUMENTE SIND UNTERSAGT. ZUWIDERHANDLUNGEN WERDEN MIT EINER GELDSTRAFE BESTRAFT.

Lisa schaut sich um. Sie sieht niemanden. Sie kann eventuell auch zu ihrem Fernglas greifen: noch immer kilometerweit niemand zu sehen. Wurde dieses Gesetz vielleicht zum Schutz der Tierwelt erlassen? Lisa schaut sich um, sieht aber nichts, abgesehen von ein paar Sandflöhen vielleicht. Also packt Lisa ihre Trompete aus und beginnt, ihr Lieblingsstück zu spielen.
In diesem Fall hätte sie durchaus das Recht gehabt zu spielen. Sich die eigene Freiheit einschränken zu lassen kommt nur in Frage, wenn es aus Rücksicht auf die Freiheit der anderen geschieht. Andernfalls macht es keinen Sinn. Man kann bereit sein, die eigene Freiheit freiwillig einzuschränken – der Freiheit der anderen wegen.

Manchmal tötet die Freiheit die Freiheit

In der Nähe der Schule standen regelmäßig drei Typen, die Drogen verkauften. Paula wusste über die Gefahren von Drogen Bescheid, sie war darüber aufgeklärt worden, aber trotzdem wollte sie einen kleinen Versuch wagen. Sie fühlte sich alt genug, das zu entscheiden. Deshalb hat sie Drogen ausprobiert. Zuerst einmal, dann zweimal und schließlich ein drittes Mal. Zuerst einmal die Woche, dann jeden Tag, und bald schon brauchte sie mehrmals täglich eine bestimmte Menge. Inzwischen hat Paula eine Arbeitsstelle. Paula gibt ihr ganzes Gehalt für Drogen aus. Zum Essen bleibt ihr kaum noch etwas Geld übrig, sie ist spindeldürr geworden und ständig krank. Und da sie nicht mehr weiß, wovon sie ihre Miete bezahlen soll, wird sie bald auf der Straße sitzen.
Und ihren Arbeitsplatz wird sie garantiert auch bald verlieren.

Als Paula die ersten Drogen nahm, war sie noch frei. Sie hat eine freie Entscheidung getroffen, denn sie hätte genauso gut beschließen können, auf diese Erfahrung zu verzichten, da sie über die Risiken informiert war. Es war eine freie Entscheidung. Doch das war zugleich auch das einzige Mal, dass sie frei entscheiden konnte: Da Drogen sich sofort auf Körper, Gehirn und Bewusstsein auswirken, ist Paulas Entscheidungsfreiheit immer mehr geschrumpft, je mehr Drogen sie nahm. Die Drogen haben Paulas Freiheit immer mehr aufgezehrt. Die Freiheit, die sie beim ersten Mal noch hatte, als sie vor dem Gymnasium Drogen kaufte, schrumpfte ständig. Als dann noch finanzielle und gesundheitliche Probleme hinzukamen, war ihre Freiheit zu winzig geworden, als dass sie davon noch hätte Gebrauch machen können. Paula kann nicht behaupten, dass sie aus freien Stücken Drogen nimmt. Sie kann nicht mehr sagen, dass sie frei ist, da sie nicht mehr über die Freiheit verfügt, mit den Drogen aufhören zu können. Manche Entscheidungen können unsere zukünftige Freiheit einschränken und sie zuweilen sogar ganz ersticken.

Wozu ist Freiheit gut?

Oliver wünscht sich einen Hund. Seine Eltern sind damit einverstanden, doch sie warnen ihn auch: Wenn sie ihm einen Hund schenken, wird er sich auch um das Tier kümmern müssen. Er wird morgens noch vor der Schule zehn Minuten mit seinem Hund Gassi gehen müssen, ebenso nachmittags, wenn er

von der Schule kommt, und abends vor dem Schlafengehen. Er wird seinen Hund regelmäßig bürsten und füttern müssen. Oliver darf sich selbst entscheiden.
Er hat große Lust auf einen Hund, aber morgens steht er gern so spät wie möglich auf. Wenn er nach der Schule noch mit seinen Freunden spielen möchte, ist es lästig, zuerst mit dem Hund gehen zu müssen, und abends kommt fast immer ein spannender Film im Fernsehen. Oliver zögert.

Letztendlich entscheidet sich Oliver aber doch für einen Hund. Das ist eine sehr wichtige Entscheidung, denn wenn der Hund erst einmal im Haus ist, kann Oliver seine Entscheidung nicht mehr rückgängig machen.

Wenn Oliver nun von der Schule kommt, gibt es immer ein Riesenfest! Schon wenn er den Schlüssel ins Schloss steckt, beginnt sein Hund, freudig zu kläffen. Sobald er einen Fuß in die Wohnung setzt, springt sein Hund an ihm hoch, und er und Oliver wälzen sich auf dem Boden. Es ist zwar lästig, mit Verspätung zum Fußballspielen mit seinen Freunden zu kommen, aber das lässt sich nicht ändern – der Hund muss nun einmal Gassi geführt werden. Morgens kommt Oliver nun viel leichter aus den Federn: Der Hund springt auf sein Bett und leckt ihm das Gesicht, damit er wach wird. Danach machen sie beide die übliche Tour um den Häuserblock. Wenn es regnet, ist das nicht sehr lustig. Aber da Oliver sowieso jeden Morgen aus dem Haus muss, kann er auch gleich frische Brötchen kaufen. Und wenn Oliver mal traurig ist, kann er alles seinem Hund erzählen. Es gibt aber noch etwas Positives zu berichten: In der Hundedressurschule, wo Oliver mit seinem Hund jeden Sonntagmorgen hingeht, hat er ein unglaublich tolles Mädchen kennen gelernt. Sie heißt Anna. Oliver hofft, dass sein Hund und Annas Hund ewig brauchen werden, bis sie gut dressiert sind …

Oliver weiß von Anfang an, dass es nicht nur lustig ist, einen Hund zu haben. Ein Hund ist auch eine große Verpflichtung und bringt Zwänge mit sich. Doch wenn Oliver nur an diese Punkte gedacht und dann beschlossen hätte, dass ihm seine Freiheit wichtiger ist, hätte er einiges verpasst: die Riesenfreude, mit seinem Hund zu spielen und sich um ihn zu kümmern, einen Freund zu haben, jeden Morgen frische Brötchen zu kaufen und Anna kennen zu lernen.
Natürlich können wir Zwänge und Verpflichtungen ablehnen und nur darauf versessen sein, eine größtmögliche Freiheit zu behalten. Doch wir können unsere Freiheit auch dazu nutzen, eine Wahl zu treffen, die uns neue Freuden und neue Menschen entdecken lässt. Und dann ist die Freiheit ein Mittel zu unserem Glück. Einem Glück, für das wir selbst verantwortlich sind.

Es ist ganz leicht, unglücklich zu sein: Man muss nur an all die schlimmen Dinge denken, die schon passiert sind oder vielleicht irgendwann passieren könnten. Und es ist praktisch, unglücklich zu sein; man kann sich bemitleiden lassen, hat einen guten Grund, sich nicht anzustrengen, denn dafür ist man einfach zu unglücklich. Um glücklich zu werden, muss man glücklich sein wollen, man muss bereit sein, etwas für sein Glück zu tun.

Glück und Unglück

Glück und Unglück

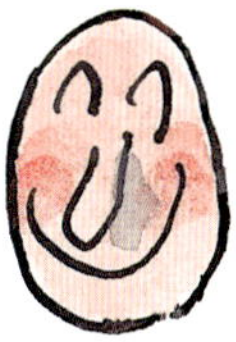

Es gibt Momente im Leben, in denen man genau weiß, was Glück und Unglück bedeuten. Wer nicht genügend zu essen hat, keine Kleidung, kein Geld, kein Dach über dem Kopf besitzt, wer keine Arbeit hat und nicht für sich selbst sorgen kann, weil er krank ist – der ist unglücklich. Und er weiß haargenau, was ihm fehlt, um glücklich zu sein: Nahrung, eine Wohnung, Kleidung. Doch wenn all diese Grundbedürfnisse erfüllt sind, was passiert dann? Sind alle Menschen, die ein Leben im Wohlstand führen, glücklich? Manche ja, andere nein.

Romeo, Julia und die vielen anderen

Romeo liebt Julia, Julia liebt Romeo. Sie wollen heiraten, ihre Eltern sind damit einverstanden, alle freuen sich, und es gibt eine große Hochzeit. Es wird ein wunderschönes Fest, später bekommen Romeo und Julia wohl geratene Kinderchen, die sie sehr lieben, sie wohnen in einem schönen Haus und haben keinerlei Geldsorgen ...
„Soll ich die Geschichte weitererzählen?"
„Nö, ist ja tierisch langweilig. Dabei schläft man ja ein."
„Okay, dann erzähle ich euch eine andere Geschichte."

Romeo liebt Julia, Julia liebt Romeo. Sie wollen heiraten, doch das ist unmöglich: Ihre Familien sind seit Generationen verfeindet. Die beiden Verliebten können sich nur heimlich treffen, Julias Eltern wollen ihre Tochter zwingen, einen anderen Mann zu heiraten. Um dieser Heirat zu entgehen, schluckt Julia ein Scheingift. Romeo glaubt, sie sei tot, und bringt sich um. Doch Julia ist gar nicht tot, sie kommt

wieder zu sich und muss entsetzt feststellen, dass ...
„Soll ich die Geschichte weitererzählen?"
„Oh ja! Hör nicht auf, es ist gerade so spannend.
Wir wollen unbedingt wissen, wie es weitergeht!"

Bei glücklichen Geschichten fangen alle an zu gähnen! Unglückliche Umstände finden wir alle viel spannender. Wenn Romeo und Julia ein glückliches Leben geführt hätten, wäre nie über sie geschrieben worden. Dasselbe gilt auch für andere Geschichten: Es ist Aschenputtels Unglück, das uns interessiert, nicht ihr späteres Glück, das Pech von Rotkäppchen, als es dem bösen Wolf in die Arme läuft, und das Unglück des kleinen Däumlings, des armen, vergifteten Schneewittchens, des schlafenden Dornröschens, des hässlichen Entleins, des armen Zinnsoldaten und der unglücklichen Meerjungfrau, die sich nach dem Prinzen sehnt. Auch in den Zeitungen stehen hauptsächlich schlimme Dinge: Es geht um Erdbeben, Überschwemmungen, Firmen, die schließen müssen, und Menschen, die gestorben sind. Natürlich freuen wir uns, wenn alles gut ausgeht – Happy End –, aber sobald das Glück sich einstellt und alle glücklich und zufrieden sind, hört die Geschichte auf. Das Unglück ist wesentlich interessanter als das Glück!

Ein ganz einfaches Rezept

Hier ein Rezept mit Erfolgsgarantie: Schreib alles auf, was dir nicht passt: dass es seit zwei Wochen am Stück regnet; dass euer Fernseher kaputt und dein Geldbeutel leer ist, weil du das ganze Taschengeld für diese Woche schon ausgegeben hast, obwohl es erst Dienstag ist; dass die Batterien deines neuen Gameboys alle waren, ehe du den Spielstand sichern konntest. Stell dir anschließend vor, was im allerschlimmsten Fall alles passieren könnte: dass deine Schwester an einer unheilbaren Krankheit stirbt; dass dein Hund überraschend von einem Auto überfahren wird; dass dein bester Freund oder deine beste Freundin nächstes Jahr wegzieht. Denk dann auch noch darüber nach, was dir in deinem Leben schon alles durch die Lappen gegangen ist: Du hast deine Urgroßeltern nie kennen gelernt, hast zweimal hintereinander eine Episode deiner Lieblings-Fernsehserie verpasst, und deine Lieblingsschuhe sind dir zu klein geworden. Notiere dir dann auch noch, was du alles nicht besitzt: ein Mountainbike, die neuesten Videospiele, ein Handy. Zum Schluss stell dir vor, wer du garantiert niemals sein wirst: der/die Schönste, Berühmteste, Reichste, Intelligenteste oder Stärkste. So, wenn du nun auch noch an die Leute denkst, die dich nicht mögen, all diese Zutaten gut verrührst und dir das Ganze am Morgen durch den Kopf gehen lässt, ist dir der Erfolg sicher: Du wirst für den Rest des Tages am Boden zerstört sein.

Sich unglücklich zu fühlen ist ganz einfach: Man muss nur daran denken, was man nicht hat, oder man grübelt über all die traurigen Dinge nach, die früher mal passiert sind oder die irgendwann in Zukunft eintreten könnten. Und wer will, findet da immer etwas, jeder von uns.

Geschieht ihnen recht!

Lena geht schlafen. Der Tag war schön, und sie ist sehr zufrieden. Im Bett lässt sie sich ihren Tagesablauf noch einmal durch den Kopf gehen. Schon beim Frühstück lief alles super: Ihr großer Bruder konnte sein Zeugnis nicht finden, das die Eltern noch nicht unterschrieben hatten. Lena rechnet sich aus, dass er dafür garantiert am Freitagnachmittag nachsitzen muss. Das geschah ihm ganz recht! Und mit ein bisschen Glück würden die Eltern ihm zusätzlich vielleicht noch Hausarrest aufbrummen.
Dann, vor der Schule, wartete eine tolle Überraschung: Irene, die große Angeberin der fünften Klasse, hat ein Gipsbein. Klar, dass alle um sie herumstanden und sich auf dem Gips verewigen wollten, aber Irene wird die Freude bald vergehen: Sie würde mindestens drei Wochen lang während der Pausen nicht mitspielen können. Aber das Beste am ganzen Tag war, als der Lehrer den Geometrie-Test zurückgab. Samantha, die absolute Oberstreberin, die normalerweise nur Einsen schreibt, der Liebling aller Lehrer, hatte eine glatte Fünf. Lena und ihre Freundinnen hatten natürlich nichts gesagt, doch als sie Samanthas Miene sahen, warfen sie sich doch kurze Blicke zu.
Lena lässt sich die Ereignisse des vergangenen Tages noch einmal durch den Kopf gehen, ehe sie schließlich mit einem Lächeln auf den Lippen einschläft.

Nicht sehr sympathisch, diese Lena, stimmt's? Das ist der erste Gedanke, der einem durch den Kopf schießt. Du findest Lenas Reaktion auf das Pech der anderen sicher auch total abstoßend, denn das, was ihrem großen Bruder, Irene und Samantha zugestoßen ist, ist alles andere als erfreulich. Doch kennen wir nicht alle diese Art von Glücksgefühl – Schadenfreude –, das auf dem Unglück eines anderen beruht?

Das Suchspiel

Martin hat ein neues Spiel erfunden. Es heißt „das Suchspiel“, und er lädt seine Freunde dazu ein. Sobald alle da sind, kann das Spiel beginnen. Martin erklärt die Spielregel: „Wenn ich das Startzeichen gebe, fangt ihr an zu suchen. Nach genau einer halben Stunde ist Schluss. Wer es bis dahin gefunden hat, ist Sieger.“
„Und wo sollen wir suchen?“, fragt Julia.
„Überall“, erklärt Martin.
„Und was sollen wir suchen?“, will David wissen.
„Genau, was sollen wir denn suchen?“, fragen auch die anderen kichernd.
„Wollt ihr jetzt mitspielen oder nicht? Nervt mich nicht mit dummen Fragen, und sucht einfach. So geht das Spiel nun mal“, sagt Martin unwillig.

Martin ist total verrückt! Wenn man gar nicht weiß, was man suchen soll, wie soll man es dann finden? Sein neues Spiel taugt nichts!
Richtig! Und doch ist es ein Spiel, das viele Menschen spielen: Sie suchen das Glück, ohne sich vorher zu überlegen, was Glück überhaupt ist. Trotzdem streben alle danach. Aber um etwas zu finden, muss man zuerst wissen, *was* man finden will. Sonst wird man nie eine Chance haben, es aufzuspüren.
Was ein Unglück ist, davon hat jeder recht genaue Vorstellungen. Doch hat man auch eine Vorstellung vom Glück? Häufig ist das nicht der Fall. Vielleicht ist das der Grund, warum so viele Menschen es nur schwer finden können. Oder irgendwann resigniert aufhören, danach zu suchen. Wie Martins Freunde, denen das Suchspiel bald zu dumm wird. Da sie keine Ahnung haben, wonach sie suchen sollen, wird es ihnen schnell langweilig.

Das unsichtbare Glück

Lukas hat sich den Daumen in der Schranktür eingeklemmt. Es tut schrecklich weh, und er brüllt wie am Spieß.

Lukas hat Schmerzen, die er deutlich spürt. Man muss ihm nicht sagen: „Lukas, dir tut der Daumen weh!"

Sandra macht die Schranktür auf, nimmt die Müsli-Packung heraus, macht die Tür wieder zu und setzt sich zum Essen an den Tisch.

Sandra tut nichts weh, sie hat sich den Daumen nicht eingeklemmt. Natürlich ist sie sich dessen nicht bewusst, und als sie ihr Müsli isst, denkt sie nicht: „Toll, mir tut der Daumen nicht weh!"

Wer Schmerzen hat, weiß dies nur zu gut, wer keine hat, achtet nicht darauf. So ähnlich ist es auch mit dem Glück und dem Unglück: Wer unglücklich ist, weiß es genau, und er kann auch sagen, worin sein Problem besteht. Das Unglück ist sehr sichtbar, auch das eines anderen, und auch dann, wenn man sich nicht in diesen anderen Menschen hineinversetzen kann.
Doch wenn man glücklich ist, ist man sich dessen häufig nicht bewusst. Das Glück ist oft unsichtbar. Und wie sollte man glücklich sein, wenn man davon gar nichts *bemerkt*?
Vielleicht sollte man deshalb als Erstes versuchen, das Glück zu erkennen!

Die kleinen Feinde des Glücks

Miriam hat eine Arbeitsstelle gefunden. Sie bekommt ihr erstes Gehalt und ist glücklich, dass sie endlich ihr eigenes Geld verdient. „Wie schrecklich, wenn ich mir vorstelle, was für hohe Steuern ich jetzt zahlen muss!“, jammert sie.

Jonas erlebt gerade den schönsten Tag seines Lebens: Er hat Valerie gefragt, ob sie ihn heiraten will, und sie hat Ja gesagt!
Er fühlt sich wie im siebten Himmel.
„Aber wenn ich an die hohen Scheidungsraten denke ...“

Regina gibt ihrem Baby die Brust. Sie und das Kind fühlen sich wohl und erleben einen Augenblick großen Glücks.
„Aber wenn das Kleine irgendwann krank wird ...?“

Großes Familientreffen bei Großmutter. Alle freuen sich, dass sie wieder mal beisammen sind. Ausgelassen machen die Kinder eine Kissenschlacht.
„Aber was ist, wenn ich am Montagmorgen den Vokabeltest verhaue?“, denkt Sören plötzlich.

Wenn man sich überlegt, was Tag für Tag passieren kann, stellt man fest, dass das Glück viele Feinde hat, kleine Feinde, die man nicht unbedingt auf den ersten Blick erkennt und die man häufig selbst geschaffen hat!

Komisch, eben war ich noch glücklich ...

Paul hat fünf Jahre lang eisern gespart, um sich den Wagen seiner Träume kaufen zu können. Heute wird das Auto beim Händler angeliefert, Paul kann es abholen. Das ist ein großer Tag für ihn! In seinem neuen Wagen fährt er auf die Autobahn. Das Wetter ist herrlich, Paul fährt mit offenen Fenstern und fühlt sich glücklich. Am Abend wird er mit seiner Frau eine kleine Spritztour machen. Als er gegen achtzehn Uhr nach Hause kommt, sieht er seinen Nachbarn vor der Tür stehen. „Super! Ich werde ihm gleich mein neues Auto vorführen. Vielleicht hat er Lust, mal kurz damit zu fahren." Paul mag seinen Nachbarn, einen sympathischen Mann. „Grüß dich, Paul! Sag mal, du hast aber ein tolles Auto!", gratuliert ihm sein Nachbar. Sie unterhalten sich über den Motor, die Federung, die Größe des Kofferraums, als plötzlich Johannes angerannt kommt, ein weiterer Nachbar. Schon von weitem sehen Paul und sein Nachbar, dass Johannes einen kleinen Zettel schwingt. „Wahnsinn, was mir passiert ist! Hört mal zu! Hört gut zu! Eben kamen die Lottozahlen, und ich habe alle richtig getippt! Alle! Das kann nicht sein! Ich glaube, ich träume!"

„Was ist los?", fragt Paul. „Was ist passiert?"

„Eine Million! Ich habe eine Million gewonnen", ruft Johannes, der kurz vor dem Überschnappen steht. „Ein Ferrari! Ich werde mir einen Ferrari kaufen!"

Paul sieht Johannes schon in seinem brandneuen Ferrari sitzen. Er freut sich natürlich für Johannes, und sie werden dieses große Ereignis auch feiern. Aber irgendwie fühlt sich Paul weniger berauscht als zuvor, und am Abend vergisst er ganz, seine Frau zu einer kleinen Tour mit dem neuen Wagen einzuladen.

Innerhalb weniger Sekunden sind Pauls Glücksgefühle beträchtlich geschrumpft. Dabei hat sich für ihn persönlich nichts geändert: Er hat seinen Traum wahr gemacht. Aber manchmal ist es sonderbar: Man ist eigentlich glücklich, vergleicht die eigene Situation dann aber mit der eines anderen, und plötzlich ist das Glücksgefühl dahin.

Zehn oder fünfzig Programme

Sobald er den Fernseher einschaltet, beginnt Werner zu zappen. Er kann zwischen zehn Programmen wählen, das findet er super. Er macht es sich gemütlich, bekommt Lust auf ein Glas Apfelsaft, den er im Kühlschrank hat, und gießt sich ein Glas ein. Würstchen sind auch noch da – klasse! Wenn Viktoria den Fernseher einschaltet, bekommt sie immer schlechte Laune. Sie hat zehn Programme, aber wenn sie Kabelfernsehen hätte, könnte sie mindestens fünfzig Programme sehen. Der Gedanke an die vielen Sendungen, die ihr jedes Mal entgehen, verdirbt ihr den ganzen Spaß. Sie bekommt Lust auf ein Glas Orangensaft, aber dann fällt ihr ein, dass keiner mehr da ist. Lust auf Chips hätte sie auch, doch es sind nur Erdnüsse im Haus – Mist!

Werner ist zufrieden, Viktoria nicht. Werner weiß das Fernsehen zu schätzen, Viktoria nicht. Werner hat Lust auf das, was er im Kühlschrank findet, Viktoria will etwas, das sie nicht im Haus hat. Worin besteht der Unterschied zwischen Werner und Viktoria? Werner freut sich über das, was er hat, Viktoria denkt nur daran, was sie nicht hat. Vermutlich wird sie nie zufrieden sein, weil sie ihre Zeit damit vertrödelt, Dinge haben zu wollen, die sie nun eben nicht besitzt.

Ein toller Wurf!

Zwei Sekunden vor dem Schlusspfiff wirft Lorenz von der Spielfeldmitte aus einen tollen Ball in den Korb, und seine Mannschaft gewinnt. Großartig! Sie sind Landesmeister. Die Spieler sind begeistert und fallen sich um den Hals, ihr Trainer macht einen Luftsprung, bevor er aufgeregt zu den Spielern rennt. Diese können weder Luftsprünge machen noch rennen: Sie sitzen in Rollstühlen. Es geht um die Basketball-Meisterschaft für Behinderte. Ein Journalist interviewt Lorenz. „Das ist der schönste Tag meines Lebens", sagt Lorenz zu ihm. „Aber in Zukunft müssen wir noch härter trainieren, um auch Weltmeister zu werden." Auf dem Weg zur Umkleidekabine denkt Lorenz an seinen Reitunfall zurück und an den Tag, an dem die Ärzte ihm erklärten, dass er nie wieder würde gehen können.

Von diesem Tag an verkroch sich Lorenz wochen- und monatelang in seinem Zimmer. Er war unglücklich, so unglücklich wie ein Mensch nur sein kann. Außerdem war er fest davon überzeugt, dass niemand sich in seine Lage hineinversetzen konnte. Nur einmal pro Woche verließ er das Haus, um zur Krankengymnastik zu gehen.

„Unmöglich, diese Gehsteige", schimpfte Lorenz dabei jedes Mal vor sich hin. „Man müsste doch annehmen, dass jemand auf die Idee kommen könnte, kleine Bretter anzubringen, damit man leichter hinauf- und hinunterfahren kann." Das ging mehrere Wochen so. Doch eines Tages sagte sich Lorenz, dass es sicherlich noch dutzende anderer Menschen gab, die wie er Probleme mit den hohen Gehsteigen hatten. Kurz entschlossen fuhr er zum Rathaus und erkundigte sich, ob es einen Verein für Behinderte gäbe. Er wollte ein Gesuch einreichen, damit der Bürgermeister dafür sorgte, einen Teil der Gehsteige abzuschrägen.

Seit jenem Tag hat sich das Leben von Lorenz entscheidend geändert. Er hat neue Leute kennen gelernt, die ebenfalls dafür kämpfen, dass das Leben für Behinderte einfacher gemacht wird. Sie haben hunderte von Unterschriften gesammelt, gestern hatten sie einen Termin beim Bürgermeister. Mal sehen, was sich noch tut.
Bei einem dieser Treffen hat Lorenz jedenfalls Erich kennen gelernt, einen begeisterten Basketballspieler, der ihn dazu überredet hat, seiner Mannschaft beizutreten.

Vor sechs Jahren, vier Monaten, drei Wochen …

Im Leben passieren viele Dinge, die uns total unglücklich machen können. Vielleicht stirbt jemand, an dem man sehr hängt, man muss eine Klasse wiederholen, oder Freunde ziehen weg. Jeder muss im Laufe seines Lebens irgendwann mal mit Schicksalsschlägen zurechtkommen, denen er nicht ausweichen kann. Doch ganz schlimm wird es erst, wenn man sich hinter seinem Unglück verschanzt und sich nicht mehr davon frei machen kann.

Sven erzählt Peter, dass seine Freundin ihn verlassen hat. „Ich hasse sie, diese blöde Kuh! Lässt mich einfach fallen wie eine heiße Kartoffel, lässt nichts mehr von sich hören! Kannst du dir das vorstellen? Gibt mir den Laufpass! Ach, ich bin total am Boden zerstört, sie fehlt mir so. Ich fühle mich so elend!“

Sven ist unglücklich, sehr unglücklich sogar. Peter hat volles Verständnis. Es ist ein schwerer Schlag, verlassen zu werden. „Du Ärmster! Wann hat sie dich denn verlassen?"
Sven schaut auf seine Uhr. „Vor sechs Jahren, vier Monaten, drei Wochen, vier Tagen, zwei Stunden und zehn Minuten", antwortet Sven.
Vor Verblüffung bekommt Peter den Mund nicht mehr zu.

Genau wie Peter kannst auch du sicher verstehen, dass Sven unglücklich ist. Aber genau wie Peter siehst du auch, dass Sven ein Problem hat, ein Problem, das nicht mehr nur mit seiner Exfreundin zusammenhängt. Okay, Sven ist ein Unglück zugestoßen. Aber scheint es nicht, als wolle Sven sich an diesem Unglück festklammern, als wolle er es nicht loslassen, da er doch ständig über etwas nachgrübelt, das längst vergangen ist? „Ha, du hast leicht reden", würde Sven dir antworten.

Weltmeister im Unglücklichsein

Unglücklich zu sein ist manchmal ganz praktisch: Die anderen bemitleiden einen, schenken einem Aufmerksamkeit, und man kann von ihnen verlangen, sich gefälligst um einen zu kümmern. Es ist, als würde der Unglückliche den anderen zurufen: „Kümmert euch doch ein bisschen um mich!" Und Vorteile hat es auch:
Das Leben ist nicht langweilig, man hält sich für den Mittelpunkt der Welt, den einzigen Menschen, dem so etwas Schlimmes zugestoßen ist. Man fühlt sich vielleicht sogar als Held, als Weltmeister aller Unglücksraben.

Vom Recht, unglücklich zu sein

Aber aufgepasst: Das Leiden gehört mit zum Leben, jeder hat das Recht, unglücklich zu sein.
Doch es gibt Leiden, denen man aus dem Weg gehen kann, und in einem solchen Fall ist es sinnlos, endlos weiterzuleiden. Was hat man davon, wenn es auch anders geht?

- „Ich fühle mich unglücklich, wenn ich keinen Sport treibe."
  Also: Sport treiben!
- „Ich habe Kopfschmerzen, ich kann nicht mehr!"
  Also: ein Aspirin nehmen!
- „Wie traurig die Wohnung ohne Blumen ist."
  Also, geh welche pflücken!

Es gibt jedoch auch Leid, dem man nicht ausweichen kann:
„Gestern Abend ist meine Katze gestorben, die wir seit zehn Jahren hatten."
In einem solchen Fall kannst du dem Leid nicht ausweichen.
„Warum passiert so etwas ausgerechnet mir?" Du versuchst es zu verstehen, auch wenn es gar nichts zu verstehen gibt.
„Es ist alles meine Schuld, ich habe mich zu wenig um sie gekümmert." Man bekommt Gewissensbisse.

„Der Tierarzt taugt nichts, er hat sie falsch behandelt." Man schiebt die Schuld auf andere.
„Es wäre besser gewesen, ich hätte mir niemals eine Katze zugelegt." Nun kommt die Reue.

Man redet sich alles Mögliche ein, sucht einen Grund für dieses Unglück, quält sich mit dutzenden von Fragen. Zum Unglück an sich kommen nun auch noch Wut, Bedauern, Angst, Schuldgefühle und Rebellion hinzu.
Bisweilen ist es sehr schwer zu akzeptieren, dass das Unglück etwas ganz Normales ist und dass es zum Leben dazugehört. Es ist weder gut noch schlecht, es ist keine Krankheit und auch nichts, das man verstecken oder dessen man sich schämen muss.

Sein Unglück teilen

Sein Unglück mit jemandem zu teilen tut gut. Es ist wichtig zu teilen, auch wenn man glaubt, dass man die anderen damit belastet. Allerdings gibt es auch Menschen, die dann so tun, als würden sie dich nicht verstehen. Sie laufen weg, weil sie nichts davon hören wollen – doch dann waren sie ohnehin keine wahren Freunde. Zu einer wahren Freundschaft oder zur Liebe gehört es, das Unglück des anderen mitzutragen.

Die oder der Unglückliche fühlt sich getröstet, wenn er mit jemandem reden kann, zu dem er Vertrauen hat.

Drei Kilo Glück – und schon sind's vier!

Um sich etwas Gutes zu tun, hat sich Aurelia die neueste CD ihrer Lieblingssängerin gekauft. Als sie in einem Schaufenster einen hübschen Schlüsselanhänger entdeckt, kauft sie ihn für ihre Freundin Claudia, die Schlüsselanhänger sammelt. Und auf einmal stellt Aurelia zu ihrer Überraschung fest, dass sie sich darüber, Claudia eine Freude zu machen, fast genauso sehr freut wie über ihre eigene CD!

Das Glück hat einen sehr praktischen Nebeneffekt: Wenn man es weitergibt, vergrößert es sich! Das ist eine Besonderheit: Wer etwas verschenkt, hat normalerweise danach weniger!

Glück lässt sich natürlich weder wiegen noch messen. Aber stellen wir uns doch einmal vor, dass Felix mit drei Kilo Glück in der Tasche herummarschiert. Er trifft seinen besten Freund Jens und erzählt ihm von den drei Kilo Glück. „Jens, stell dir vor: Ich habe drei Kilo Glück in der Tasche!"
Jens freut sich. „Toll, das ist aber schön für dich!"
Da Jens sich für Felix freut, hat er plötzlich auch ein Kilogramm Glück in der Tasche. Felix bemerkt dies und – hopp! – aus seinen ursprünglich drei Kilo sind plötzlich vier Kilo geworden. Es kann sich nur um Zauberei handeln. Aber nein, es ist keine Magie: Glück erzeugt weiteres Glück.

Man kann nichts dafür

„Nadine, was würde dich persönlich glücklich machen?“
„Ich wäre glücklich, wenn meine Lehrerin eine wochenlange Fortbildung machen würde und wir dafür die Referendarin bekämen, die ich so mag; ich wäre glücklich, wenn morgen schönes Wetter wäre und ich Rad fahren könnte; wenn ich in der Lotterie gewinnen würde; wenn das Baby, das Mama erwartet, ein Mädchen wird, und wenn Klaus endlich in eine andere Schule ginge, weil ich ihn absolut nicht ausstehen kann.“

All diese Dinge können eintreten. Schließlich verlangt Nadine nichts Unmögliches.
Doch wenn man sich ihre Wünsche noch einmal durchliest, stellt man fest, dass sie alle nicht von ihr abhängen. Sie selbst kann nichts, aber auch absolut *gar nichts* dafür tun, dass diese Dinge eintreten. Also muss Nadine auf den Zufall hoffen, um glücklich zu sein. Entweder sie hat Glück und ist dann glücklich, oder sie hat Pech und wird demnach unglücklich sein. Ihr Glück ist äußerst zerbrechlich.
Doch das Glück ist keine Frage des Zufalls: Es gibt Dinge, die von uns abhängen, und andere, die nicht von uns abhängen. Unser Glück sollten wir an den Dingen festmachen, die wir selbst beeinflussen können. Dann kann man zumindest handeln und etwas dafür tun, dass der gewünschte Zustand eintritt. Andernfalls verplempern wir unsere Zeit mit Warten und Meckern und schieben anderen, dem Himmel oder der ganzen Welt, die Schuld in die Schuhe.

Wünschen, wollen, Lust haben ...

Anneliese ist fünfzig Jahre alt. Wie alle Frauen in diesem Alter hat sie ein paar Falten und etliche graue Haare. Bei jedem Blick in den Spiegel sagt sie sich, wie glücklich sie wäre, wenn sie zwanzig Jahre jünger wäre.

Wie kann man sich etwas wünschen, das völlig unmöglich ist?

Veronika hat all ihre Wünsche – die erfüllbaren und die unerfüllbaren – auf kleine Zettel geschrieben. Die Zettel mit den unerfüllbaren Wünschen steckt sie in einen roten Umschlag: „Wie ein Vogel fliegen können", „Wieder ein Baby sein", „Dass mein Hund sprechen kann", „In China auf die Welt gekommen zu sein, damit ich Schlitzaugen hätte", „Meinen Großvater, der vor zwei Jahren gestorben ist, noch einmal zu sehen", „Die Zeit zwei Monate zurückdrehen zu können, um in den letzten Klassenarbeiten lauter Einsen zu schreiben", und so weiter und so fort.
In einen grünen Umschlag legt sie die Zettel, auf denen ihre erfüllbaren Wünsche stehen: „Filmschauspielerin oder Journalistin werden", „Mich verlieben", „Ein Motorrad besitzen", „Mein Zimmer blau streichen", „Mit meinen Freundinnen eine Nacht durchfeiern", „Nach Venedig oder Brasilien reisen", „Mich wieder mit Tanja versöhnen", „Einmal mit einem Ballon fahren" und so weiter und so fort.
Veronika klebt den roten Umschlag zu und verbrennt ihn. „Wenn mich jetzt jemand sehen würde", denkt sie sich, „würde er mich für verrückt erklären."
Den grünen Umschlag klebt sie nicht zu und trägt ihn fortan immer bei sich

Von wegen verrückt, diese Veronika! Ganz schön clever! Sie fühlt sich besser, leichter und glücklicher. Ihre unerfüllbaren Wünsche sind verschwunden, verbrannt, vom Winde verweht! Es bleibt ihr der grüne Umschlag. Und das große Glücksgefühl, dass all ihre Wünsche eines Tages wahr werden können.

Kann man Glück kaufen?

„Rubbeln Sie dieses Kästchen frei, und mit etwas Glück werden Sie der glücklichste Mensch auf Erden sein!"
„Unglücklich? Verreisen Sie jeden Winter für eine Woche ans Ende der Welt, und die Welt wird Ihnen wieder zulächeln!"
„Wechseln Sie Ihren Arbeitsplatz, ziehen Sie um, kaufen Sie sich ein neues Auto, verändern Sie Ihre Haarfarbe oder die Form Ihrer Nase, kaufen Sie sich einen neuen Fernseher, und Sie werden sehen: Das Glück zieht bei Ihnen ein!"
„Mit dieser Creme werden Sie 10 kg abnehmen, und Ihre Haare bekommen ein unglaubliches Volumen. Endlich können Sie glücklich sein!"
„Mit dieser ultraweiß machenden Zahnpasta haben Sie ein Lächeln, das das Glück geradezu anzieht!"
„Wie könnte man ohne Sport glücklich sein? Werden Sie Mitglied in unserem Fitnessclub – Ihre Fahrkarte ins Glück!"

Man liest und hört und sieht hunderte von Werbesprüchen, die uns einreden wollen, was wir tun müssen, um endlich glücklich zu sein. Und so manch einer fällt darauf herein und hofft, auf diese Weise glücklich zu werden. Warum auch nicht? Doch das Problem dabei ist, dass niemand anderer für dich bestimmen könnte, wie du möglicherweise glücklich wirst. Okay, um ein angenehmes, zufriedenes Leben zu führen, brauchen die meisten von uns ein Dach über dem Kopf, Geld für Essen und Bücher, ab und zu einen Urlaub und natürlich die Möglichkeit, für sich selbst sorgen zu können. Doch niemand kann darüber bestimmen, was Glück für dich bedeutet. Niemand kann mit Glück handeln. Für jeden von uns bedeutet Glück etwas anderes, und das muss nicht unbedingt dasselbe sein wie für jemand anderen.

Sein Glück er-finden

1. Glück bedeutet, von Tieren umgeben in einem Häuschen im Grünen zu leben, auf dem Feld zu arbeiten, sonntags seine Freunde zu treffen, kein Fleisch zu essen, nicht zu rauchen und keinen Alkohol zu trinken.
2. Glück bedeutet, eine große Firma zu leiten, hunderte von Angestellten zu haben, viel Geld zu verdienen und von allen beneidet zu werden.
3. Glück ist, wenn man eine Familie und Kinder hat, mit denen man spielen und die man von der Schule abholen kann, und abends mit der ganzen Familie um einen Tisch zu sitzen.
4. Glück ist, wenn man ins Fernsehen kommt, sein Foto in allen Zeitungen findet, wenn man auf der Straße erkannt wird und die Leute ein Autogramm von einem wollen.
5. Glück ist es, sich um andere zu kümmern, denen es nicht so gut geht wie einem selbst, ihnen zu helfen, ihnen zuzuhören, ihre Probleme mit ihnen zu teilen.
6. Glück ist …

Wenn uns jemand davon überzeugt, dass das Glück entweder Nummer 1, 2, 3, 4 oder 5 ist, werden wir alles tun, um diese Ziele zu verwirklichen. Doch uns könnte bald klar werden, dass uns diese Dinge doch nicht so viel bedeuten und wir danach immer noch nicht glücklich sind. Das heißt allerdings nicht, dass es das Glück nicht gibt, sondern lediglich, dass das betreffende Glück eben das eines anderen war, nicht unser eigenes.
Die wirkliche Frage lautet also nicht: „Was ist Glück?" Das weiß kein Mensch! Die einzig wichtige Frage lautet vielmehr: „Was macht mich persönlich glücklich?"

Nicht lange warten

Wenn man einen Freund hat, der weit weg wohnt und den man gerne wiedersehen würde, kann man natürlich einfach hoffen, dass er irgendwann vorbeikommt. Man kann sich die Freude vorstellen, wenn er endlich da wäre, man kann auf ihn warten. Und es ist durchaus möglich, dass dieser Freund im selben Moment daran denkt, dich zu besuchen, und ganz plötzlich klingelt es an deiner Tür, und – Überraschung! – da steht er! Das wäre natürlich ein unglaublicher Zufall, ein toller Glücksfall, der nur selten vorkommt. Es gibt aber auch die Möglichkeit, sich nicht mit Warten zu begnügen, sondern alles dafür tun, um den Freund zu treffen: ihn anrufen, die Zugfahrpläne durchschauen,

vorschlagen, sich die Kosten zu teilen, einen Tag ausmachen, an dem beide Zeit haben, sich verabreden und ihn am Bahnhof abholen. Dann kann man sich ganz sicher sein, ihn wiederzusehen. Es hat nichts mit Zufall oder Glückstreffer zu tun: Man hat dieses Glück bringende Ereignis gewollt und alles dafür getan, dass es eintritt.

Wenn man ständig nur wartet und hofft, kann es vielleicht sein, dass sich das Unglück in unser Leben einschleicht. Sich etwas vorzunehmen und dann zu handeln könnte durchaus ein erster Schritt in Richtung Glück sein. Auch wenn wir vielleicht nur eine winzig kleine Vorstellung davon haben, was uns glücklich machen könnte – nichts wie los! Ohne lange Warterei.

Wer darauf wartet, dass jemand ihm sagt, was gut und was böse ist, hört auf, selbstständig zu denken. Sein Gehirn schläft ein. Es ist, als würde man aufhören, ein menschliches Wesen zu sein.

Gut und böse

Gut und böse

Danke, Frau Müller!

Diesen Monat steht den Schülern aus Frau Müllers Klasse eine interessante Erfahrung bevor: Sie werden einen ganzen Tag lang unsichtbar sein. Frau Müller hat nämlich magische Kräfte. Ihre Schüler sind immer ganz versessen auf diesen besonderen Tag, und wer Frau Müller nicht als Lehrerin hat, ist immer ganz unglücklich. Für den Tag des Unsichtbarseins gibt es keine Regeln, und die Lehrerin gibt auch keine Ratschläge. Jeder darf machen, was er will. Natürlich warten alle Schüler ganz gespannt auf den großen Tag und überlegen schon lange vorher, wohin sie gehen und was sie den ganzen Tag über machen wollen.

Mal sehen, wie Pamela, Clemens und Johannes diesen Tag verbracht haben.

Pamela: „Ich war zweimal umsonst im Kino, und beim Hinausgehen hab ich beim Bäcker noch zwei Brezeln stibitzt. Danach wusste ich zuerst nicht, ob ich in den Tresorraum der Bank gehen oder mich ins Zimmer meiner großen Schwester schleichen soll, um zu sehen, was sie da so macht. Aber schließlich bin ich dann doch lieber mit meinem Vater zu seinem Arbeitsplatz gegangen."

Clemens: „Ich will eigentlich nicht erzählen, was ich gemacht habe."

Johannes: „Ich hatte unheimlich viel Spaß, weil ich alle Briefe lesen konnte, die mein Bruder in letzter Zeit von seiner Freundin

gekriegt hat. Danach war ich bei Henrik und hab mit seinem Gameboy gespielt, den er mir nie leihen will. Unterwegs hab ich mir noch ein paar Fußballspieler-Sammelkarten geschnappt, und den Rest … hm, den behalte ich lieber für mich.“

Wenn wir unsichtbar wären, würden wir mit Sicherheit Dinge tun, die wir normalerweise nicht tun würden. Und manchmal sind das unschöne, ja sogar böse Dinge.

Das bedeutet, dass es häufig nur die anderen sind, die uns davon abhalten, etwas Böses zu tun. Weil sie uns sehen würden. Und dann könnten sie uns anzeigen, bestrafen, verurteilen oder es uns verbieten. Heißt das aber auch, dass wir nur deshalb nichts Böses tun, weil die anderen uns sehen könnten?

Und bedeutet das letzten Endes, dass es uns eigentlich gleichgültig ist, ob etwas gut oder böse ist?

Was ist gut, was ist böse?

Wölfe fressen ab und zu ein Lamm, um leben zu können. Bei den Wölfen gilt das Töten von Lämmern als gut. Nur so können der Wolf und die Wölfin überleben und die Wolfskinder groß werden. Das Lamm jedoch will natürlich nicht sterben. Unter den Lämmern gilt das, was die Wölfe tun, als böse, und ihr eigener Wunsch zu überleben gilt als gut.

Was für den Wolf gilt, gilt nicht auch gleichzeitig für das Lamm. Und was für das Lamm gut ist, ist schlecht für den Wolf. Nicht alle verstehen unter gut dasselbe, und das gilt auch für das, was böse ist.

Häuptlingssohn Schlauer Adler kehrt zu seinem Tipi zurück und legt voller Stolz einen Bogen und einen Arm voller Pfeile vor seinen Vater. Die hat er gestohlen, bei einem Stamm auf der anderen Seite des Bergs. Sein Vater ist hocherfreut und gratuliert ihm. Das ist der erste Raubzug seines Sohnes, ein großer Tag für den ganzen Stamm. Heute Abend werden sie ein großes Fest feiern.

Bei den Sioux bringen die Erwachsenen den Kindern das Stehlen bei. Was Schlauer Adler gemacht hat, gilt als gut. Wir dagegen würden sein Verhalten böse finden. Bei uns würde Schlauer Adler bestraft werden, bei seinem Stamm gratuliert man ihm.

Stefanie entdeckt in einem Café einen Zehn-Euro-Schein. Der Schein liegt unter einem Tisch, an dem niemand sitzt. Das Taschengeld von zwei Monaten! Sie hebt den Schein auf, zögert dann aber. Darf sie ihn überhaupt behalten?

Oder muss sie ihn bei der Kellnerin abgeben? Falls sich der Besitzer des Scheins meldete, könnte die Kellnerin ihm das Geld zurückgeben. Doch wie kann der Betreffende beweisen, dass es überhaupt sein Schein ist? Geldscheine sind schließlich nicht gekennzeichnet. Und wer weiß, vielleicht würde die Kellnerin das Geld auch behalten.
„Ha, dann kann ich den Schein auch gleich behalten", sagt sich Stefanie.
Tja, was ist in so einem Fall zu tun? Soll sie das Geld behalten? Oder es der Kellnerin aushändigen? Oder durch das Café brüllen: „Hat zufällig jemand einen Zehn-Euro-Schein verloren?"

Ganz schön vertrackt, diese Geschichte. Schwer zu sagen, was gut wäre und was böse. Darüber könnte man stundenlang diskutieren, ohne je die ideale Antwort zu finden. Vielleicht gibt es gar nicht immer ein Gut und ein Böse. Und falls doch, verstehen eventuell nicht alle Menschen dasselbe darunter!

Wer ist für den Wolf?

Angenommen, du erzählst die Geschichte vom Wolf und dem Lamm hundert Leuten und fragst sie, auf wessen Seite sie stehen: auf der Seite des Wolfs oder der des Lamms?

Viele werden dir antworten, dass sie auf der Seite des Lamms stehen. Sie werden sagen, dass der Wolf in dieser Geschichte der Böse ist. Oder dass der Wolf böse handelt, das Lamm hingegen gut ist. Wenn man erreichen will, dass gut und böse bei dieser Geschichte für alle Beteiligten das Gleiche bedeuten, hat man die Wahl zwischen zwei Lösungen:

Entweder kann der Wolf das Lamm überzeugen, dass es gut ist, sich fressen zu lassen, dass es ein schönes Gefühl ist, sich für andere zu opfern, und dass es eine gute Tat ist, sich verschlingen zu lassen.
Oder das Lamm kann den Wolf davon überzeugen, dass es böse ist, ein anderes Lebewesen zu töten, nur um selbst etwas zu beißen zu haben, und dass es böse ist, seine körperliche Überlegenheit auszunutzen. Dass es also böse ist, der Stärkere zu sein.
Vielen Menschen wird die zweite Lösung lieber sein, in der es dem Lamm gelingt, den Wolf von seinem Unrecht zu überzeugen. Der Wolf wird ein schlechtes Gewissen bekommen, sich schämen und sich schließlich nicht mehr trauen, das Lamm zu töten.
Die Menschen sehen das Böse oft auf der Seite der Stärkeren und das Gute auf der Seite der Schwachen.

Total bescheuert, deine neue Jacke!

Hugo hat eine neue Jacke. Eine schwarze Lederjacke mit einem Logo auf dem Rücken, vier Innentaschen, zwei Taschen vorne und einer seitlich. Von genau so einer Jacke träumt sein Kumpel Axel schon lange. Als Axel Hugo zum ersten Mal mit seiner neuen Jacke sieht, wird er fast krank vor Neid. Aber als Hugo sie ihm voller Stolz vorführt, zuckt er nur mit den Schultern und meint gleichgültig: „Also, echt, das Logo so groß auf dem Rücken, das wirkt total angeberisch."

In Wirklichkeit hat Axel sich gedacht: „Mist, ich hätte auch gern so eine Jacke.“ Doch nach außen hin hat er Hugos Jacke kritisiert. Vielleicht redet Axel sich sogar ein, dass Hugos neue Jacke tatsächlich doof ist, obwohl er selbst seit Monaten davon träumt. Auf diese Weise kommt er leichter darüber hinweg, dass er nicht dieselbe hat. Axel ist neidisch, und um seinen Neid zu überspielen, kritisiert er. Gleichzeitig versucht er, Hugo die Freude an seiner Jacke zu verderben.
Ganz ähnlich ist es auch, wenn man zu einem anderen sagt: „Das, was du mir da gezeigt hast, war nichts Besonderes.“ Damit will man im Grunde nur sagen: „Ich bin neidisch, ich wäre auch gerne so, ich würde das auch gern können.“ Wenn man etwas selbst nicht schafft, ist es praktisch zu sagen: „Ach, das ist doch nichts Besonderes.“ Man versucht damit, andere, die es hinbekommen haben, zu beschämen. Weil sie vielleicht die Ersten waren, weil sie Erfolg haben oder weil sie vielleicht viel verdienen. Zu sagen, dass etwas schlecht ist, kann ein Mittel sein, einem anderen die Freude am Erfolg zu verderben. Auf diese Weise kann man auch dafür sorgen, dass er sich schlecht oder schuldig fühlt. So kann man die Stärkeren eventuell daran hindern, ihre Stärke noch einmal unter Beweis zu stellen.
Es gibt Menschen, die sich genieren, weil es ihnen gut geht. Als ob sie ein schlechtes Gewissen haben müssten, nur weil sie mit ihrem Leben zufrieden sein können!

Erpressung oder nicht?

Jeder weiß, wie es ist, wenn einem etwas wehtut. Jeder kann nachempfinden, dass es wehtut, wenn man sich die Spitze eines Geodreiecks unter den Fingernagel rammt oder sich das Nasenbein bricht. Genauso schmerzhaft ist es, wenn man sich die Hand in der Autotür klemmt oder sich die Haut aufschürft. Alles das kann man so gut nachempfinden, dass man häufig den anderen mitten im Erzählen unterbricht: „Hör auf, ich kann es mir nicht anhören. Das tut mir weh!"

Manchmal bekommt man auch solche Sätze zu hören:
„Es wird deiner Großmutter sehr wehtun, wenn du sie nicht besuchen gehst."
„Es hat mir wehgetan, dass du meinen Geburtstag vergessen hast."
„Es tut deiner Mutter weh, wenn du nicht pünktlich nach Hause kommst."
Solche Sätze sind sich alle ziemlich ähnlich. Wenn man jemandem wehtut, dann ist das böse und schlecht. Und diese Wörter lösen eine Vielzahl von Gedanken in unserem Kopf aus. Wenn man also Sätze wie die obigen an den Kopf geworfen bekommt, regt sich rasch das schlechte Gewissen.
Manchmal fallen wir auf solche Sätze herein. Wir fühlen uns verpflichtet oder schuldig, weil jemand uns sagt, dass wir ihm oder einem anderen mit etwas wehtun. In solchen Fällen ist es sehr wichtig, sich über eines klar zu werden: Sagen die Betreffenden das nur, weil sie uns dazu überreden wollen, etwas Bestimmtes zu tun beziehungsweise nicht zu tun? Sind diese Sätze etwa eine Art Erpressung?

Ich meine es doch nur gut mit dir!

Caroline ist auf einige Seeigel getreten und hat nun mindestens zehn Stacheln im Fuß. Ihre Mutter läuft los und holt Watte, eine Pinzette und ein Desinfektionsmittel, um die Stacheln wieder zu entfernen.
„Nein, nein!", brüllt Caroline. „Du wirst mir wehtun. Ich warte lieber, bis sie von allein ausfallen!"
„Aber, Caroline, was soll denn das? Bist du verrückt geworden? Dein Fuß wird sich entzünden. Komm, sei lieb, und lass mich machen. Ich bin auch ganz vorsichtig. Glaub mir, ich will doch nur dein Bestes!"

„Ich meine es doch nur gut mit dir!" ist auch ein häufig gebrauchter Satz, mit dem wir zu etwas Bestimmtem überredet werden sollen:
„Iss deinen Spinat auf!"
„Nein, ich hasse Spinat!"
„Ich meine es doch nur gut mit dir!"

„Du solltest dringend zum Zahnarzt gehen."
„Nein, ich habe Angst, dass er mir wehtut."
„Unsinn, komm mit! Es ist doch nur zu deinem Besten!"

Man versucht, andere dazu zu bringen, bestimmte Dinge zu tun, indem man ihnen sagt, es sei gut für sie. Das ist nicht immer einfach zu verstehen! Es ist nicht leicht zu begreifen, dass etwas Schlimmes gut für einen sein kann. Die Formel „Ich meine es doch nur gut mit dir" ist auch nicht leicht zu verstehen, wenn sie uns daran hindert, Dinge zu tun, die uns Spaß machen. Das Gute ist nicht immer das Angenehmste. Man neigt eher dazu zu glauben, dass Dinge, die Spaß machen, auch gut sind. Und wenn etwas wehtut, dann ist es schlecht. Doch das stimmt nicht unbedingt. Rauchen macht manchen Erwachsenen Spaß. Dabei ist das Rauchen schädlich und verursacht irgendwann vielleicht mal Krebs. Ein Besuch beim Zahnarzt kann im Moment schmerzhaft sein, aber zur Vermeidung weiterer Schmerzen ist er sehr nützlich.
Wenn man Vertrauen zu den Menschen hat, die einem sagen: „Ich meine es doch nur gut mit dir!", dann ergibt sich kein Problem. Wenn man sich sicher ist, dass sie uns nur zu Dingen überreden wollen, die nicht zu *ihrem*, sondern wirklich zu *unserem* Nutzen sind, dann ist alles in Ordnung. Andernfalls kann man uns zu allem Möglichen überreden, indem man uns vorgaukelt, es sei gut für uns. Auf diese Weise können die Begriffe gut und schlecht manchmal benutzt werden, um andere Menschen zu beeinflussen.

Das große Buch
von gut und böse

Max und Hanna sind im Urlaub. Am Morgen lacht die Sonne vom Himmel, sie freuen sich und überlegen, was sie alles tun könnten: angeln gehen, ein Picknick machen, sich ein Eis gönnen, auf dem Heimweh noch in den Zoo gehen, zu Hause kurz duschen und danach ein romantisches Abendessen im Strand-Restaurant. Und anschließend vielleicht noch Händchen haltend von Diskothek zu Diskothek ziehen. Doch ehe sie losgehen, wollen die beiden noch kurz überprüfen, ob das, was sie geplant haben, auch gut ist. Also nimmt Max das GROSSE BUCH VON GUT UND BÖSE zur Hand und liest:

* Sich freuen, wenn schönes Wetter ist: gut.
* Angeln gehen: böse, außer man fängt nicht mehr als zwei Fische pro Person.
* Picknick machen: gut.
* Sich ein Eis gönnen: grundsätzlich gut, aber zuvor auf der Tabelle Größe und Gewicht nachschauen, ob man es sich auch erlauben kann.
* Besuch im Zoo: böse.
* Duschen: gut, außer donnerstags.
* Romantisches Abendessen: gut.
* Händchen haltend von Diskothek zu Diskothek ziehen: gut, wenn man sich seit mindestens zwei Wochen näher kennt.

„Tja, den Zoobesuch werden wir dann wohl streichen müssen“, sagt Max zu Hanna. „Aber zum Glück ist heute Freitag! Denn bei dieser Hitze wäre es ganz schön schlimm, nicht duschen zu können.“ Dass Hanna eigentlich kein Eis essen darf, wagt Max ihr nicht zu sagen.

Ehe Max und Hanna eine Entscheidung treffen, schauen sie immer zuerst im *Großen Buch von gut und böse* nach. Da in diesem Buch die Antworten auf alle Fragen des Lebens stehen, müssen sie selbst nicht groß nachdenken. Doch was würde passieren, wenn in der nächsten Ausgabe des *Großen Buchs von gut und böse* stünde: „Töten: gut, aber nur blonde Menschen", oder vielleicht: „Sich umbringen: sehr gut, sogar wünschenswert, wenn jemand über vierzig ist"? Max und Hanna würden ihren Nachbarn umbringen, wenn er seinen Fernseher zu laut aufdreht, falls dieser Nachbar zufällig blond ist. Und mit vierzig würden sie sich umbringen, um eine gute Tat zu tun. Ganz bestimmt! Sie haben sich längst daran gewöhnt, nicht mehr selbst nachzudenken, sodass sie sich auch längst nicht mehr fragen, wie sie selbst eine bestimmte Sache beurteilen.

Keine Verantwortung tragen

Was würde passieren, wenn ein Buch vom Himmel fallen würde, in dem man nachlesen könnte, was man unter gut und böse zu verstehen hat? Oder wenn das von ein paar mächtigen Menschen festgelegt worden wäre? Ein solches Buch hätte den großen Vorteil, dass das Leben plötzlich sehr einfach wäre. Es wäre sogar die totale Erholung: Man wäre für nichts mehr verantwortlich.

Zu Ronalds Bande gehören sieben Personen. Ronald ist der Anführer, denn er hat die Bande gegründet. Sie haben einen geheimen Treffpunkt, ein Passwort, das jede Woche geändert wird, und nehmen sich immer besondere Aufgaben vor. Heute gibt Ronald seiner Bande einen ganz speziellen und etwas gefährlichen Auftrag: Mit Messern sollen sie

die Reifen der Mountainbikes von Kevin und Herrmann zerstechen.
„Normalerweise machen wir so etwas aber nicht", protestiert Olga. „Wir machen nur lustige, keine bösen Sachen."
„Keine Widerrede", sagt Ronald barsch. „Hier entscheide ich, was gut und böse ist. Kevin und Hermann haben eine kleine Lektion verdient. Was wir tun, ist also gut."
Olga schaut die anderen an. Keiner wagt es, Ronalds Worte in Frage zu stellen. „Na schön", denkt Olga sich. „Ronald ist schließlich unser Anführer."

Die Mitglieder von Ronalds Bande haben aufgehört, selbstständig zu denken: Ihr Anführer entscheidet, was gut und böse ist. Wozu sich da noch lange Fragen stellen? Wenn jemand sie schnappt, während sie die Reifen aufstechen, und sie bestrafen will, werden sie sagen: „Das ist nicht unsere Schuld. Wir können nichts dafür. Wir tragen keine Verantwortung. Unser Anführer hat es uns befohlen."
Wer darauf wartet, dass jemand ihm sagt, was gut und was böse ist, denkt nicht mehr selbstständig. Sein Gehirn schläft ein. Es ist, als würde man aufhören, ein menschliches Wesen zu sein.

Hilfe! Mein Computer reagiert wie ein Mensch!

Als Felix von der Schule nach Hause kommt, ist die Wohnung wie jeden Nachmittag leer. Doch das macht ihm nichts aus, ganz im Gegenteil: Er nutzt die Zeit, um ins Internet zu gehen. Felix schaltet den PC ein, wartet, bis die Verbindung hergestellt ist, und tippt dann eine neue Internet-Adresse ein. Als er auf die Enter-Taste drückt, erscheint in Großbuchstaben eine Nachricht auf dem Monitor:

„Felix, natürlich kann ich dich mit dieser Seite verbinden, aber ich weiß nicht, ob das in deinem Alter schon gut wäre. Und außerdem bin ich in letzter Zeit etwas deprimiert. Ich frage mich, wozu ich in dieser Familie überhaupt gut bin."
„HILFE!", brüllt Felix. Er zittert am ganzen Leib und traut sich nicht mehr, auf den Bildschirm zu schauen.

Für Felix ist es, als wäre sein Computer auf einmal menschlich geworden, weil er sich Fragen stellt und überlegt, was gut und was nicht gut ist. Der Computer ist ein viereckiger, grauer Kasten mit einem Monitor. Er hat etliche Tasten, einen Stromanschluss, und trotzdem hat Felix das Gefühl, vor einem menschlichen Wesen zu sitzen.
Sich Fragen zu stellen – das ist es, was einen Menschen auszeichnet. Nachzudenken, ehe man etwas tut, und sich nach der Tat zu fragen, ob es gut oder nicht gut war, das ist typisch menschlich.

Tu ich's, oder tu ich's nicht?

„Soll ich Silvia umbringen, weil sie mich nicht zu ihrem Fest eingeladen hat, oder nicht?"
„Soll ich die Videokassette klauen, die ich mir nicht leisten kann, oder nicht?"
„Soll ich den Teddybären meiner kleinen Schwester in den Müll werfen oder nicht?"
„Soll ich den Wald in Brand stecken, um zu sehen, wie lange es dauert, bis die Feuerwehr anrückt, oder nicht?"
„Soll ich den Zucchini-Auflauf dem Hund geben, sobald Mama mir den Rücken zudreht, oder nicht?"
„Soll ich den ganzen Kuchen alleine aufessen, sodass die anderen nichts davon bekommen, oder nicht?"

Bevor man etwas tut, stellt man sich normalerweise ein paar Fragen. Man fragt sich, ob man es tun soll oder nicht. Die Entscheidung fällt einem nicht immer leicht.

Silvia umbringen, das Video stehlen, den Teddy wegwerfen, ein Feuer legen, den Zucchini-Auflauf dem Hund geben, den Kuchen aufessen und so weiter – man zögert und fragt sich, ob man diese Dinge wirklich tun soll. Dabei geht es aber nicht in erster Linie darum, herauszufinden, ob eine bestimmte Handlung böse ist!

Denn wenn man auch nur ein kleines bisschen nachdenkt, weiß man sehr rasch, ob diese Handlung gut oder böse wäre. Das geht fast automatisch, als gäbe es in unserem Kopf zwei Schubladen, von denen eine mit *gut* und eine mit *böse* beschriftet ist. Diese Einteilung nehmen wir immer vor, meist ohne uns dessen bewusst zu werden. Es ist, als hätten wir einen kleinen Kompass, der entweder auf die Schublade *gut* oder auf die Schublade *böse* zeigt. Die meisten Menschen besitzen so einen inneren Kompass, der zuverlässig funktioniert und schnell unterscheidet.

Das eigentliche Problem ist also nicht das Unterscheiden, sondern vielmehr die Frage: „Und dann?“ Soll man dann wirklich das tun, was in der Schublade *gut* einsortiert ist? Und soll man wirklich auf das verzichten, was in der Schublade *böse* liegt? Was, wenn man aber Lust hat, das Böse und nicht das Gute zu tun?

Das wussten wir nicht, es war keine Absicht

Familie Maurer ist seit Stunden mit dem Auto unterwegs. Nun halten sie an einem Waldrand an, um eine kleine Pause zu machen.
Herr Maurer holt den Holzkohlegrill aus dem Kofferraum, Frau Maurer die Würstchen aus der Kühltasche. Ihre Kinder

laufen in den Wald, um Brennholz zu sammeln. Zwei Stunden später sind alle satt und ausgeruht, und die Fahrt geht weiter. Die Maurers haben keine Spuren hinterlassen. Sie haben ihren Müll in Plastiktüten gepackt, die sie bei der nächsten Raststätte wegwerfen werden.
Sie haben alles wieder mitgenommen. Alles – bis auf ein winziges, glühendes Kohlestückchen, das der Wind vom Grill geweht hat. Eine halbe Stunde nach ihrem Aufbruch steht der Wald in Flammen. Im Radio hören die Maurers von dem Brand. Der Leiter der Feuerwehr und die Polizei fragen sich, ob Kriminelle das Feuer absichtlich gelegt haben. Da die Maurers ehrliche Leute sind, melden sie sich sofort bei der Polizei. „An dieser Stelle ist es streng verboten, Feuer zu machen. Im Sommer sind die Tannen ausgetrocknet. Der kleinste Luftzug kann Glut verwehen, und schon steht der ganze Wald in Flammen.
Überlegen Sie mal, was für eine Katastrophe Sie angerichtet haben!", sagt ein Polizist. „Wie schrecklich, das wussten wir nicht", antworten Herr und Frau Maurer betroffen.

Die Maurers haben einen ganzen Wald zerstört. Das ist schlimm. Es geschah jedoch nicht mit Absicht: Sie wussten nicht, wie gefährlich es ist, in dieser Jahreszeit an dieser Stelle ein Feuer zu machen. Hätte es ihnen jemand gesagt, hätten sie es garantiert nicht getan. Kann man in einem solchen Fall trotzdem sagen, dass sie etwas Böses getan haben? Menschen, die etwas Böses tun, tun es manchmal vielleicht nur deshalb, weil ihnen nicht bewusst ist, dass sie etwas Böses tun. Oder es sind Menschen, die sich sowieso nicht viele Fragen stellen. Aber oft weiß man auch genau, dass etwas böse ist, und tut es trotzdem.

Ich konnte nicht anders

Annika muss dringend Pipi machen, und da es bis zur Pause noch eine halbe Stunde dauert, erlaubt ihr die Lehrerin, kurz zur Toilette zu gehen. Auf dem Weg dorthin kommt Annika an der Garderobe vorbei und sieht, dass etwas Rotes aus der Jacke von Tobias ragt. Annika geht hin und entdeckt, dass es eine rote Serviette ist, in die ein Stück Schokoladenkuchen eingewickelt ist. Sie nimmt es mit auf die Toilette, verschlingt es gierig, macht Pipi und sitzt wenig später wieder im Klassenzimmer.

Kann man etwas Böses tun, auch wenn man ganz genau weiß, dass es böse ist? Aber sicher! Man handelt dann im vollen Bewusstsein, gerade etwas Böses zu tun.
Annika weiß ganz genau, dass Stehlen in der Schublade *böse* steckt. Sie weiß, dass sie Tobias etwas Gemeines antut, und sie denkt sogar an ihn, während sie seinen Kuchen futtert. Aber trotzdem kann sie nicht anders. Der Kuchen ist einfach zu verlockend und die Versuchung zu groß. Das Wissen, dass etwas böse ist, hält einen nicht immer davon ab, es zu tun. Jeder von uns war schon einmal in einer solchen Situation. Denn manchmal ist das, was für uns gut ist, für einen anderen schlecht.

Warum ist etwas böse?

Als Annika den Kuchen aus Tobias' Anoraktasche zieht, ist der Schulkorridor leer: Alle Schüler und Lehrer sind in den Klassenzimmern. Annika geht kein Risiko ein.

Da niemand sie sehen kann, ist es, als sei sie unsichtbar. Niemand wird je erfahren, dass sie eine Diebin ist. Vielleicht wird überhaupt niemand auf die Idee kommen, dass das Stück Kuchen gestohlen wurde. Tobias glaubt vielleicht, es sei ihm auf dem Weg zur Schule aus der Tasche gefallen.

Tja, worin besteht hier das Böse? Wo liegt das Problem? Das weiß Annika natürlich ganz genau: Wenn man *ihr* ein Stück Kuchen stehlen würde, wäre sie fürchterlich sauer. Wenn jemand *ihr* Pausenbrot klauen würde, wäre sie sehr traurig und zornig. Sie weiß folglich ganz genau, dass sie etwas Böses tut. Ganz einfach deshalb, weil sie es sehr böse gefunden hätte, wenn jemand ihr dasselbe angetan hätte.

Um zu wissen, dass etwas böse ist, muss man nicht gesehen, ertappt, bestraft oder verurteilt werden. Man muss es nicht in einem Buch lesen oder von anderen hören. Man braucht sich nur zu fragen, ob es einem recht wäre, wenn ein anderer einem das Gleiche antun würde.

Jeder kennt den alten Spruch: „Was du nicht willst, das man dir tu, das füg auch keinem andern zu."

Böse ist also etwas, von dem man nicht will, dass es einem selbst zugefügt wird. Und gut ist etwas, wenn man sich wünscht, dass es einem selbst geschieht.

Joe und seine Räuberbande

Joe, Charly, Alf, Pat und Tim sind Kriminelle. So mancher Einbruch bei Banken und in Juweliergeschäften geht auf ihr Konto. Sie betätigen sich auch als Automatenknacker.

Würden sie geschnappt, bekäme jeder von ihnen mindestens zehn Jahre Knast aufgebrummt. Neulich waren die fünf in einem Lokal. Auf einmal sah Joe einen Geldbeutel unter einem Stuhl liegen. Es war der von Charly, der diesem aus der Hosentasche gerutscht war. Joe hob ihn auf und drückte ihn Charly in die Hand. Dabei sagte er: „Hey, Charly, pass besser auf deine Sachen auf! Es gibt nicht nur ehrliche Menschen auf diesem Planeten!“

In Charlys Geldbeutel befand sich auch seine Kreditkarte. Joe kennt die Geheimnummer und weiß, dass Charly sehr, sehr viel Geld auf dem Konto hat. Joe hätte alles Geld von Charlys Konto abheben und in ein fernes Land ziehen können. Aber weit gefehlt! Denn eines steht fest: Joe, Charly, Alf, Pat und Tim würden sich niemals gegenseitig bestehlen. In ihren Augen wäre das sehr böse. Sie würden niemals eine Bank überfallen, in der Freunde von ihnen ihr Geld aufbewahren. Sie wissen, dass Ehrlichkeit gut ist. Und dass Stehlen böse ist. Doch für sie zählt nur, was für sie selbst gut ist. Für sie und ihre Freunde. Aber so kann das System von gut und böse nicht funktionieren. Wirklich gut ist nur, was für alle Menschen gut ist.

Fabians Trick

Im Auto, und besonders wenn man im Stau steckt, verliert man sehr schnell die Nerven. Fabian ist da ganz anders: Wenn er am Steuer sitzt, wird er niemals auf andere wütend. Sogar wenn ihm jemand die Vorfahrt nimmt, ihn

nicht einfädeln lässt, oder hinter ihm hupt. Egal in welcher Situation – Fabian schafft es, ruhig zu bleiben, nicht zu schimpfen, keine Beleidigungen auszustoßen. Fabian erklärt, wie er das macht: „Ich stelle mir vor, dass alle anderen Autofahrer meine Freunde sind. Ich bilde mir ein, dass wir uns heute Abend treffen werden, um zusammen ins Kino oder zum Essen zu gehen, oder dass wir im gleichen Verein sind. Das mag sich zwar dumm anhören, aber es funktioniert! Zu Freunden würde ich nämlich niemals so schlimme Sachen sagen, wie wenn ich im Auto wütend werde!"

Vielleicht ist Fabians Methode eine ganz gute Idee: in allen Menschen Freunde zu sehen und keine Feinde. Denn eines steht fest: Wer seine Mitmenschen als Freunde betrachtet, verspürt wohl kaum Lust, ihnen etwas Böses anzutun. Und wenn alle Bewohner unserer Erde sich Joes Räuberbande anschließen würden, wäre Joe auf einmal wie verwandelt, würde keine Verbrechen mehr begehen und niemanden mehr bestehlen. Dann gäbe es überhaupt keine Diebe oder Räuber mehr!
Je mehr Freunde man hat, desto weniger Böses tut man. Folglich ist es ganz nützlich, sich mit immer mehr Leuten anzufreunden. Das kann nur gut sein.

Ich würde gern in einer Welt leben, in der …

Wenn man mit Alf, Charly und den anderen diskutiert, stellt man schnell fest, dass sie auf keinen Fall in einer Welt leben wollten, in der alle Leute sich gegenseitig

überfallen und keine Bank mehr sicher ist. Dasselbe gilt für Annika: Sie würde sich nicht wohl fühlen in einer Schule, in der alle sich gegenseitig ihre Pausenbrote klauen. Auch Ronald möchte auf keinen Fall in einer Stadt wohnen, in der man sein Fahrrad nicht auf der Straße stehen lassen kann, ohne dass die Reifen zerstochen werden.
Und die Menschen, die andere wüst beschimpfen, wenn sie hinter dem Lenkrad sitzen, wollen mit Sicherheit auch nicht in einer Welt leben, in der sich alle auf der Straße Beschimpfungen und Beleidigungen zurufen.

Vielleicht wäre es nützlich, sich mal zu fragen, in was für einer Welt man *gerne* und in was für einer Welt man auf *keinen Fall* leben möchte. Ich würde gern in einer Welt leben, in der ... Ersetze die drei Pünktchen durch alles, was dir so einfällt. Wie sollte die Welt deiner Meinung nach sein?
Das ist ein hervorragendes Mittel, um herauszufinden, was gut und was böse ist. Dann erst weißt du wirklich, wie du dich verhalten solltest. Doch das funktioniert nur, wenn du an die Stelle der drei Pünktchen etwas setzt, das wahr und ehrlich ist, etwas, was du wirklich denkst und fühlst. Es funktioniert, wenn du dir selbst gegenüber ganz ehrlich bist. Und sich selbst gegenüber ganz ehrlich zu sein, ist ziemlich schwierig. Sogar noch schwieriger als anderen gegenüber.

!

Ganz schön hart, wenn man nichts begreift! Wir müssen sterben, weil wir leben! Jeder Mensch wäre froh, wenn die Götter ihm beistehen würden! Ich meine es doch nur gut mit dir! Es ist schwierig, sich selbst gegenüber ehrlich zu sein! Nieder mit den kleinen Feinden des Glücks! Jede Lebensform hat ihren Wert, aber nicht immer denselben! Es geht ganz leicht, unglücklich zu sein! In allen Kulturen weltweit spricht man von Gott oder Göttern! Dass wir uns fragen, ob etwas gut oder böse ist, macht uns zu Menschen.

Register

Register

Register

Der Umwelt zuliebe ist dieses Buch auf chlorfrei gebleichtem Papier gedruckt.

ISBN 3-7855-4677-7 – 2. Auflage 2003

Titel der Originalausgabe: Les Goûters philo

Aus dem Französischen übersetzt von Anne Braun
Umschlagillustration: Jacques Azam
Umschlaggestaltung: Andreas Henze
Gesamtherstellung: Eurolitho S.p.A., Rozzano
Printed in Italy

www.loewe-verlag.de